臺灣歷史與文化研究輯刊

九 編

第 13 冊

大眾記憶與歷史重述：
解嚴後臺灣電影中的殖民經驗再現（1987-2011）

陳碧秀 著

花木蘭文化出版社

國家圖書館出版品預行編目資料

大眾記憶與歷史重述：解嚴後臺灣電影中的殖民經驗再現
（1987-2011）／陳碧秀 著—初版—新北市：花木蘭文化出版社，
2016〔民 105〕

目 2+138 面；19×26 公分

（臺灣歷史與文化研究輯刊 九編：第 13 冊）

ISBN 978-986-404-481-8（精裝）

1. 電影史 2. 臺灣

733.08   105001812

ISBN-978-986-404-481-8

臺灣歷史與文化研究輯刊

九　編　第十三冊   ISBN：978-986-404-481-8

大眾記憶與歷史重述：
解嚴後臺灣電影中的殖民經驗再現（1987-2011）

作　　者　陳碧秀
總 編 輯　杜潔祥
副總編輯　楊嘉樂
編　　輯　許郁翎
出　　版　花木蘭文化出版社
社　　長　高小娟
聯絡地址　235 新北市中和區中安街七二號十三樓
　　　　　電話：02-2923-1455／傳眞：02-2923-1452
網　　址　http://www.huamulan.tw 信箱 hml 810518@gmail.com
印　　刷　普羅文化出版廣告事業
初　　版　2016 年 3 月
全書字數　126107 字
定　　價　九編 24 冊（精裝）台幣 50,000 元

大眾記憶與歷史重述：
解嚴後臺灣電影中的殖民經驗再現（1987-2011）

陳碧秀　著

作者簡介

陳碧秀

一九八五年出生於臺灣苗栗縣，成長於新北市。

輔仁大學哲學系畢業，國立清華大學台灣文學研究所碩士。

提　　要

　　本論文從 1987 年解嚴後到 2011 年期間，篩選出較具代表性的 7 部再現殖民歷史經驗的臺灣電影作為研究對象，分別是《稻草人》(1987)、《悲情城市》(1989)、《無言的山丘》(1992)、《戲夢人生》(1993)、《多桑》(1994)、《一八九五》(2008) 與《賽德克·巴萊》(2011)。依據電影發行時間，兼顧影像中日本殖民統治歷史，在題材、敘事與展演形式的異同，分成三章進行討論。希望透過這 7 部電影，探討日本殖民臺灣的歷史過程於臺灣電影裡的再現，及其形塑出的殖民敘事與臺灣認同，在解嚴後二十多年間所具有的不同表現與意涵。

　　解嚴前後出現的三部電影《稻草人》(1987)、《悲情城市》(1989)、《無言的山丘》(1992)，在重建殖民經驗的歷史敘事中，突破過往中國化的殖民地經驗之敘事結構，呈現文化記憶多元並置的現象。90 年代出品的《戲夢人生》(1993) 與《多桑》(1994) 則是以自傳式的敘事表現歷史記憶，從個人生命史的視角出發，探問時代與個體之間的關係，試圖探析殖民記憶中的情感結構問題。2000 年以後上映的《一八九五》(2008) 與《賽德克·巴萊》(2011)，共同的特色是以族群視角重述歷史事件，對過去官方的抗日歷史論述進行解構，突顯出近年來臺灣社會各族群積極建構自我族群的歷史經驗，反映當代社會的多種現實需求。

　　藉由本研究，筆者除了說明、分析臺灣解嚴後各時期電影中殖民歷史議題的表現與特色，更將試圖在二十多年期間的縱向發展中，梳理、歸納出臺灣當代電影中日本殖民敘事的發展及其與臺灣人集體情感、大眾歷史記憶和族群歷史重述之間的關係。

本論文獲得

「財團法人鄭福田文教基金會學位論文」獎助金

謹此特致謝忱

謝　誌

　　終於走完在清華大學的最後一哩路，論文這迢迢長路，非我一人能獨身挺過，沿途受到眾多貴人好友的挺力相助與鼓勵，才能安然走過那枯燥孤寂的研究歷程，來到畢業終站。

　　感謝我的家人與愛人，他們是我最大的支持者，因為他們寬厚的愛，我才得以來到新竹追尋自己的天空；也因為他們柔軟的包容，我才能熬過撰寫論文期間的所有苦疼。雖然他們不擅言詞，但不分冬夏春秋，電鍋裡常熱著雞湯、燉著顧身腦的中藥材或是解熱的甜品湯飲，供給我作戰的能量，這般守護未曾歇過。同時我也非常感謝指導教授書琴老師，在書寫的這段日子裡，她給予我最大的信任與包容，不厭其煩地鼓勵我，放手讓我去寫，為的就是希望建立我的自信心，我能夠感受老師給我的一切，這是一份相當珍貴的禮物。

　　在清華大學的日子，師生相處融洽，愉快學習，現在憶起那條白晝黑夜都得跋涉的楓葉林道，覺得特別可親。所上的老師：萬益老師、書琴老師、建忠老師、世宗老師、癸雲老師、鈺婷老師、惠珍老師、若山老師、淑瑋老師、婉舜老師、惠齡老師；都讓我看見何謂學者風範，不管在研究、教學亦或生活，他們總是積極活力、專注不移，使我常沐在這股對臺灣文學與理想的熱情中，啟發甚多。不僅開啟我對文學的寬廣視野，也在其中習得批判能力，更獲一處安靜靈魂之地。

　　此外感謝所上提供機會，讓我得以到日本、北京與其他學者交流。透過分享得以了解自己所處的「位置」、自己的所有。在清華大學的生活，日月累積的大小經驗都厚實了我生命篇章。

　　雖然隻身一人來到新竹，卻不曾感到孤單。感謝佩均學姊和人鳳的古道熱腸，總在我低潮時，拉我一把；感謝瑜馨時常帶我在新竹走跳，日常生活裡彼此照應；感謝96級的學長姐們，總是不吝給予協助，無論是學業、生活層面，讓初到新竹的我備感親切。感謝欣瑜、柳君、冠文至今仍常伴左右，瞎話胡鬧，為我解除撰文期間的燠燥煩悶。感謝智琦、丁丁、草姐、常鬥嘴求進步，難過時又相互擁抱取暖度過，與妳們相處的時光，鬆鬆緊緊地不亦快活；也特別感謝惠玉學姐曾提供機會，為我解決生計大事；感謝品紋與大學同學們，總是鼓勵我，從不質疑。啊……要謝的人真的太多、太多，有你們在旁與我力量、與我安慰、與我歡笑、為我拭淚，我才能完成這階段性任務。

　　論文的完成並不是終點，而是一段新的啓程。我知道我可以走得更遠了。

2015.2.12　臺北

第一章 緒 論

第一節 研究動機及問題意識

　　2008 年《海角七號》在臺灣掀起國片熱潮，報紙評論與電視媒體競相報導，引起社會各界前所未有的熱烈迴響。特別是電影裡作為推動故事的情節——一段日治時期未果的臺日戀情，在當年留下的七封日文情書，歷經了5、60 年之後，彷彿是命運的牽引促成了電影裡友子與阿嘉一段真摯情愛。這段觸及臺灣殖民經驗的敘事內容，喚起不少具有殖民記憶者的迴響。然而，也有另一種反對的批判聲音，認為該片過於親日、缺乏對殖民主義的批判視野，因而在網路上激起一番論戰。〔註1〕事實上，《海角七號》（2008）在角色、語言的設定上，都可以見到導演試圖展現臺灣多元文化的面貌，但是何以在「日本經驗」的議題上卻更受大眾的關注？電影上映時間離 1945 年的終戰時間早已過了 60 多年，為何會在此時引發許多對於殖民記憶的相關回應呢？其他相關殖民經驗的臺灣歷史電影又有哪些？筆者查閱相關電影時，發現探討「殖民經驗」的歷史電影並不多，相較於文學而言數量更是少有，這個現象引起筆者的好奇。

〔註 1〕許介鱗在〈海角七號……殖民地次文化陰影〉一文裡，批評《海角七號》充斥著美日「次文化」的大拼盤，缺乏哲學思想與世界觀，隱藏著日本殖民地文化的陰影。該文在網路上流傳後，引起不少網友不以為然的回應。許介鱗，〈海角七號……殖民地次文化陰影〉，《聯合報》，2008 年 9 月 25 日，A15 版。

　　1990 年，臺灣《電影欣賞》期刊，編輯了兩期〈電影／歷史／人民記憶〉的專題，企圖將臺灣的歷史電影現象放在世界性的「電影／歷史／人民記憶」〔註2〕的問題架構內觀看，探討人民記憶對於透過電影影像進行歷史書寫的可能性。並且透過引介法國、德國等國外的電影理論與歷史電影的詮釋方式，進一步展開對臺灣戰後電影史的詮釋，以作為 80 年代以後「民間論述」對戰後臺灣歷史展開清算工作的一部分。〔註3〕文章裡提到臺灣電影在呈現歷史與人民記憶時所面臨的困境：

> 由於近年來臺灣出現了象《悲情城市》、《香蕉天堂》、《童黨萬歲》……這樣的影片，使我們不得不正視「電影／歷史／人民記憶」這個問題。這並不是說以前的臺灣電影和歷史、人民記憶扯不上關係；相反的，這種關係一直存在著，只是由於政治、經濟、意識形態等種種力量在電影體制（institution of Cinama）中的作用，使得這層關係隱而不顯，也使我們無法對它提出適切的「問題架構」（problematic）。而同樣地，也是由於這些力量在今日有了不同的力量關係（force relations），在電影體制這一場域（field）中起了不同的作用，使得今日的臺灣電影正進行著不同的歷史書寫、再現出不同的歷史內容，也使得這個「問題架構」更清楚的浮現出來。〔註4〕

上述引文中提到的意識形態力量，是指 1945 年以後臺灣電影一直受制國家政策的發展，直到解嚴後才能進行不同記憶的歷史書寫。

　　戰後國民政府接收臺灣以後，面對曾經在日治時期被日本化的臺灣人，採取「去日本化」、「再中國化」政策。原先在殖民地的歷史經驗被稱為「奴化」，所有日本文化的遺緒被認為是需要強力肅清的毒化。〔註5〕50 年代國民政府將臺灣納入中國文化圈，並以反攻大陸的基地為建設目標，「中國化」、「反共」、「光復大陸」遂成為國民黨國族論述的基本意識形態。

〔註2〕李尚仁、林寶元，〈電影／歷史／人民記憶：序言〉，《電影欣賞》44 期（1990 年 3 月），頁 3～4。李尚仁、林寶元，〈電影／歷史／人民記憶：序言〉，《電影欣賞》45 期（1990 年 5 月），頁 3～4。

〔註3〕李尚仁、林寶元，〈電影／歷史／人民記憶：序言〉，《電影欣賞》45 期，頁 3～4。

〔註4〕李尚仁、林寶元，〈電影／歷史／人民：序言〉，《電影欣賞》44 期，頁 3。

〔註5〕參考：黃英哲，《「去日本化」「再中國化」：戰後臺灣文化重建（1945～1947）》（臺北：麥田，2007 年 12 月），頁 27～39、頁 207～230。

〔註6〕為此，國民政府掌控文化傳播媒體，設置文化宣傳機制，積極對臺灣人民進行文化思想改造，其中電影被視為動員政策的宣傳利器之一。因此，臺灣電影工業在戰後受到國家機器強力介入，掌控臺灣三大電影製片廠，即臺灣電影製片廠、臺灣電影事業股份有限公司、農業教育電影公司，主導戰後臺灣電影的發展。〔註7〕當時影響電影最大的法令即是「電影檢查法」〔註8〕，除了嚴格的檢查制度之外，國民政府同時也提出獎勵和輔導方案來鼓勵生產製片，但是必須要符合國策要求。由於「去日本化」的政策，臺灣在 1945 年至 1949 年曾經限制進口日本影片，直到 1950 年才重新開放。但是在審查日本影片時，除了要符合電檢法規之外，還要符合「日本影片送檢須知」與「日本影片檢查標準」，審核過程可謂非常嚴苛。〔註9〕由此可見，當時國民政府極力壓制日本文化在臺灣的出現，在層層的檢查制度與官方強力執行的文藝政策路線，非符合政策要求的日本歷史經驗，自然不太可能出現在臺灣影像之中。

到了 70 年代，政宣電影隨著臺灣政治情勢的轉變，而逐漸退下反共任務，內容上開始趨向大眾市場，譬如以喜劇形式包裝的軍教片《成功嶺上》的賣座，加上當時的新聞局長宋楚瑜在電影製片上的態度也較為開明，促使政宣影片在內容與形式上開始有所轉變。〔註10〕縱然有些禁忌逐漸解除，但這過程卻相當

〔註6〕鄭玩香，〈戰後臺灣電影管理體系之研究（1950～1970）〉（桃園：中央大學歷史所碩士論文，2001 年 7 月），頁 16。

〔註7〕劉現成，《臺灣電影、社會與國家》（臺北：揚智文化，1997 年 10 月），頁 11～12。

〔註8〕參考：鄭玩香，〈戰後臺灣電影管理體系之研究（1950～1970）〉（桃園：中央大學歷史所碩士論文），頁 41～100。

〔註9〕鄭玩香〈戰後臺灣電影管理體系之研究（1950～1970）〉一文中提到，1951年「日本影片送檢須知」中規定，進口的日本電影內容具有「反共抗俄或反侵略意識者」、「自然科學教育意義者」、「描寫戰後日本政治改革而有民主教育意義者」，才有資格入境臺灣和放映。除此之外，每部申請檢查的日本影片皆需影印原文劇本、中文譯本到電檢處檢查，每月只准演長片兩部、短片三部。1951 年 10 月修訂的「日本影片檢查標準」規定要先送劇本檢查，合格者才能申請影片審查，影片內容若是具有反共抗俄、反侵略式的影片則可優先處理。1952 年 8 月簽訂〈中日合約〉以後，才將日文片視為一般外語片，但由於國民政府仍畏懼臺灣人的「日本文化遺毒」，為了防止影片中出現任何日本文化，對日本影片仍有諸多限制。鄭玩香，〈戰後臺灣電影管理體系之研究（1950～1970）〉（桃園：中央大學歷史所碩士論文），頁 47～48。

〔註10〕參考：黃仁、王唯，《臺灣電影百年史話（下）》（臺北：中華影評人協會，2004年 12 月），頁 1～8。

緩慢，當時臺灣各文化藝術活動，都備受本土文化運動的影響，唯獨電影因受限電檢法，仍是呈現保守、停滯狀態，直到 80 年代其本土化運動的影響力才開始在電影中顯現。當時中影嘗試聘用新導演開拓臺灣電影新氣象，並且在 1982年推出電影《光陰的故事》，其美學形式與內容題材開啓了有別於以往的電影路數，這些導演更在 80 年代引領一股臺灣新電影風潮。他們在電影題材上轉向記錄自身的成長經驗，並且受到文化界與文學界的本土化思潮影響，開始逐步展現臺灣在地經驗的歷史文化特色。一直到 1987 年《稻草人》的出現，我們才能看到以臺灣人的殖民經驗爲主體的殖民歷史片，接著 1989 年的《悲情城市》正式衝撞政治議題的禁忌，加上解嚴後的政治結構獲得鬆綁，對於不同的歷史經驗與記憶論述空間開始競逐，相關殖民記憶議題的電影才得以展開。觀察戰後臺灣電影的發展，臺灣被殖民的歷史記憶，遭到新的國家機器刻意掩蓋，使得有一段時間臺灣人無法去探問，究竟在日本殖民統治之下曾帶給臺灣人於社會、經濟和精神上什麼樣的影響，直至解嚴以後才有機會省視這段歷史經驗。

2008 年電影《海角七號》在臺灣捲起了旋風，其中作爲推動劇情的日本記憶元素，引發不少討論。中央研究院甚至舉辦了一場「美學與庶民：2008臺灣『後新電影』現象」的國際研討會，試圖將電影《海角七號》（2008）與其引發的社會現象學術化，其中對於臺灣殖民經驗、文化想像、族群政治、戀日情感等皆有深入探討。在此之後，觸及日本記憶與殖民議題的《一八九五》（2008）與《賽德克·巴萊》（2011）相繼上映，同樣受到臺灣社會大眾的熱烈迴響，引發對臺灣電影的熱烈討論更是前所未有。

因此筆者試圖從臺灣新電影的脈絡下關照，討論分析臺灣電影中再現的殖民經驗。特別是當這些影片在解嚴後陸續出現時，筆者好奇這些未曾在歷史現場的導演，又是如何再現殖民地經驗與重述歷史？對於臺灣土地與人民曾經被日本殖民的歷史經驗其核心關懷爲何？這些大眾記憶與經驗重新被組構成的歷史敘事，是否也顯現出與時代、社會之間的某種關係？這些提問，遂成爲本研究的出發點。

第二節　研究方法及範疇

一、研究範疇

本論文意欲探討的文本，是以解嚴後至筆者開始執筆的 2011 年期間，有

關殖民地經驗再現的電影為研究對象。解嚴前有關日本經驗的歷史敘事電影，大多以國民政府的八年抗戰經驗為本，尤其 1974 年《英烈千秋》出品之後的愛國政宣片，大都圍繞在抗戰、抗日的題材，並塑造抗日英雄形象，以強建抗戰勝利事蹟的記憶。當時正值臺灣遭遇政治外交上的挫敗，因此這類型電影的出現，被一些評論者視為是一種心理的防衛機轉（defense mechanism），或是藉由堅忍的民族正義形象，以作為臺灣在 70 年代面臨國際形勢低弱的補償，同時也投射出人民對一個中華民族理想形象的渴望。〔註 11〕這樣的說法或許能稍稍反映當時現實社會短暫的心理需求，但是從 70 年代開始，在重視臺灣現實環境的鄉土文化運動之脈絡參照下，這些官方歷史敘事的類型電影，並未能完全呈現臺灣日治時期的在地經驗。盧非易在《臺灣電影 1949〜1994：政治、經濟、美學》一書裡對此現象提出如下觀察：

> 鄉土文學論戰對電影的影響是緩慢的，正如其他社會意識發展一樣，電影總是最後才感受到。這固然因為電影始終掌握在國家與資本家手裡，知識分子無法實踐其思想於此；同時，也因為電影的強大商業本質，使其培養出媚俗性格，既缺乏理想，也對挑戰保守現狀的思潮避之不及。〔註 12〕

從上述引文可以知道，文學界在戰後即對臺灣的殖民地歷史展開清理與反省，而臺灣電影卻因受制國家政策與市場的考量，無法與鄉土文化運動同步進行本土化運動，彰顯電影媒介受到國家體制掌控的複雜性。

徐叡美在《製作「友達」：戰後臺灣電影中的日本（1950s〜1960s）》一書中指出，臺灣殖民歷史片雖然興起於 1955 年，但是當時的政治與文化政策對日本化是採取強硬的排除手段，並且積極主導以中國民族主義為要的精神教育。〔註 13〕因此戰後這類講述臺灣人民殖民經驗的電影，內容多以反殖民、抗日面貌呈現：

> 殖民歷史影片的論述，一是強調去殖民，這些影片中描寫悲慘哀怨的故事，抒發日治時期的殖民經驗，也傳達反殖民壓迫的意識；另

〔註 11〕盧非易，《臺灣電影：經濟、美學 1949〜1994》（臺北：遠流，1998 年 12 月），頁 182〜183。

〔註 12〕同上註，頁 227。

〔註 13〕參考：徐叡美，《製作「友達」：戰後臺灣電影中的日本（1950s〜1960s）》（新北：稻鄉，2012 年 8 月），頁 111〜112。

一則是中國化，即把臺灣和中國的關係盡可能地連結在一起，如將
臺民抗日與中國革命連結，建構中國意識與國族認同。〔註14〕

她更進一步指出：

在去日本化的政策下，殖民歷史片中對日治殖民經驗的展演，是較
為單一面向與一元化的。日本統治在臺灣留下不少影響，不過，影
片排除了臺灣社會中正面的「日本經驗」，看不到臺灣與日本的密切
關係，影片對日治中期以後的建設略而不談，所描述的幾乎清一色
是日治初期臺民抗日，以及二戰後期戰爭總動員等悲慘的殖民經
驗，……此種現象直至解嚴前後，隨著時局與政策變遷才有所改變。
〔註15〕

徐叡美析論解嚴前的殖民歷史片，發現這些影片呈現出的殖民記憶皆被「中
國化」，為了配合國策、或為求通過電影檢閱，不惜虛構劇情，將殖民地經驗
與中國抗日史觀結合。〔註16〕因此，以臺灣本土的殖民經驗為主體的歷史電
影，要到解嚴以後因政治環境開放才得以出現。王童所導的《稻草人》（1987），
其電影內容主要是以笑鬧的悲喜劇，呈現戰爭末期臺灣底層人民無奈的生活
景況。值得注意的是，《稻草人》（1987）展現不同於以往國家機器所強調的
抗日歷史基調，電影內容是以庶民生活經驗為表現題材，從臺灣庶民視角去
探究戰時體制下的臺灣歷史問題。無論是在語言、劇情展演、或是殖民者的
形象塑造等，呈現出的歷史關懷都有別於 1955 年興起的抗日的殖民歷史片。
換言之，《稻草人》（1987）可謂是第一部以臺灣人民的殖民經驗為主體，對
臺灣殖民地歷史進行反思的電影。此後，王童又於 1992 年推出一部以大正時
期為時代背景的電影《無言的山丘》，旨在揭示日本帝國對殖民地自然與人力
資源的掠奪，全片以悲愴性為基調，再現臺灣被殖民迫害的創傷經驗。

　　1989 年出品的《悲情城市》則是臺灣電影史上，有著舉足輕重地位的一
部影片。不論是歷史敘事觀點或是影像美學表現，皆可見臺灣導演在新電影
之後的成就，尤其該片因贏得威尼斯金獅獎，將臺灣電影正式推上國際舞臺〔註

〔註14〕徐叡美，《製作「友達」：戰後臺灣電影中的日本（1950s～1960s）》，頁 113。
〔註15〕同上註，頁 116。
〔註16〕同上註，頁 111～200。
〔註17〕盧非易，《臺灣電影：經濟、美學 1949～1994》，頁 305～306。

17)。《悲情城市》（1989）雖然以二二八事件為主軸，但影片當中對於臺灣歷史經驗脈絡，也提供戰前與戰後一個相互參照的線索，並具有臺灣電影的開創性指標意義。值得注意的是，電影出現正面的日本記憶、與日人友好的畫面，都與解嚴前的國家文化政策相左。此外，《悲情城市》（1989）在臺灣社會各界引起的各種討論，直到現今仍未停歇，這種現象說明了這部電影在探討臺灣文化議題時是重要的參照對象。因此筆者也將之納入為討論的文本對象，除了對影片內容進行探析之外，也試圖理解解嚴前後的歷史語境與社會大眾間的關係。

　　1993 年侯孝賢繼《悲情城市》（1989）之後，持續展現對臺灣歷史的關懷，出品以日治時期的臺灣為題材的《戲夢人生》（1993）歷史電影。主要記述李天祿前半生的經歷，藉由李天祿的生命經驗與布袋戲的文化境遇，思索在日本統治之下，臺灣人民與臺灣文化的時代歷程與情感經驗。另外，1994 年由吳念真所導的《多桑》（1994），對日本經驗與情感問題更可見其深刻討論。該片主要是以具有殖民記憶的父親為討論對象，藉由觀看父親的生命史來探討這一代人的歷史創傷以及複雜的情感問題。

　　觀察這些影片的題材，皆以大眾記憶來恢復臺灣歷史的原貌。到了 2008 年魏德聖的《海角七號》締造高票房、獲得熱烈迴響，讓原先沉寂已久的臺灣電影展開新的局面。同年，洪智育的《一八九五》（2008）翻拍李喬的文學作品《情歸大地》，並與官方客委會共同製作，以客家族群的抗日經驗，及其在臺灣鄉土打拼的意義結合。2011 年魏德聖的《賽德克·巴萊》再現了臺灣原住民族群在日治時期所發生的霧社事件，此事件在以往的討論並不少，但該片選擇以族群本位再次詮釋，可說是極具特色。而《一八九五》（2008）與《賽德克·巴萊》（2011），都是對殖民地武裝抗日事件、以及族群角度重新論述。值得注意的是，《賽德克·巴萊》（2011）所引發一連串對歷史的回應與評論，也代表著臺灣社會正積極建構著某種之前不被重視或曾被排除的「需要」。

　　上述的 7 部電影作品是本論文主要的觀察對象，其共同特色在於電影的歷史敘事都以探討殖民經驗或殖民記憶為主軸，這些影片在美學形式、表現手法也具有創新之處，此外，這些電影都曾在大眾之間引起廣泛討論，有助於筆者觀察電影與社會大眾間的對話與及其影響。在篩選歸納的過程中，筆者發現目前臺灣以殖民經驗為主要題材的歷史電影作品，與臺灣文

學相較之下並不多，這其中牽涉到電影的文化工業受到多方限制的因素，以至於遲至解嚴，電影才能回頭對臺灣的日本殖民經驗進行省思。故本論文將爬梳 1987 年到 2011 年的臺灣電影，篩選出較具代表性的 7 部電影，探討日本殖民臺灣的歷史經驗於臺灣電影裡的再現，以及再現過程中所形塑出的殖民敘事與臺灣認同，並分析解嚴後二十多年間所具有的不同表現與意涵，歸納出臺灣當代電影中日本殖民敘事的發展與臺灣人的集體經驗的關係。

事實上，有關殖民記憶再現的電影不只這 7 部影片，譬如本文中曾提及的《海角七號》（2008）、《天馬茶房》（1999）、《超級大國民》（1994）、《皇金稻田》（1992）等影片，其內容也曾涉及到殖民記憶的問題，然而這些電影中並非全然以日治時期的歷史為敘事對象，如《海角七號》（2008）及《超級大國民》（1994）都以現代時空為背景，前者講是一群小人物如何突破困境，堅持而努力地去完成夢想的故事，後者則為一部探討的白色恐怖的政治電影，控訴黨國威權體制如何對人民施展國家暴力；而《皇金稻田》（1992）以中國抗戰時期為背景，批判日本軍國主義的殘暴無道；《天馬茶房》（1999）則是以緝菸事件的發生地「天馬茶房」為故事背景，旨在描述二二八事件的發生。並且透過一場私奔失敗的戀情，突顯二二八事件造成的時代悲劇。礙於論文的篇幅與筆者能力，無法將相關涉及殖民記憶的電影全納入論文當中進行觀察研究。因為年代、以及代表性的考量，本論文僅先參考各種先行研究，選擇深獲大眾喜愛，與評價特別高的 7 部電影作為代表來進行論述，也期望留待未來的後繼研究者能補足筆者的不足之處。

二、方法論：集體記憶

馬克・費侯在《電影與歷史》一書裡，肯定電影扮演的歷史史者角色。他認為自從電影成了傳遞思想的一種媒介時，電影工作者便企圖以影片打入歷史的洪流。雖然諸多政權喜愛利用影像來達成宣傳和歌頌的目標，但是電影同樣具有自主權力可作為反動力量，亦可承載著某些使命與理念而奮鬥。他指出高達的作品展現出非主流價值觀的獨立精神，並且認為以歷史的觀點來解析電影，或以電影的角度來詮釋歷史，是想探究電影與歷史互動關係的人必須把握的最後方針。以電影的觀點來解讀歷史，可以促使史學家挑戰昔日自己對歷史所下的評論，這些身兼導演和史學家的創作者，可以藉著民間

記憶以及口述傳統，爲社會撰寫一部被官方所封殺的歷史，而影片的價值也在於它提供了一種社會與歷史角度的詮釋方式。〔註18〕

因此，電影作爲一種歷史敘事文本，它提供了不同於文字書寫以作爲表達歷史事件或記憶的一個方式。電影和小說相同都具有虛構性質，一切都是不在（absent），都是被錄下的（recorded），就像記憶痕跡般直接地便是如此。〔註19〕當歷史記憶透過電影重新建構時，我們可從中所具有的想像符徵、鏡頭語言等特有形式，去發現其敘事觀點的變化。譬如在臺灣新電影時期逐漸開始轉以個人經歷的過程，界定他們對臺灣歷史的視野，有別於50、60年代單一化的反共、抗日，屬於官方大敘事的「國家」歷史經驗，而是返回個人或是民間大眾的生活記憶，試圖再現被刻意忽略、而曾經不在官方歷史敘述裡的這群人民之歷史經驗與記憶。不過這股反映生活的寫實主義風潮，少有尖銳性的批判題材出現，要到臺灣解嚴後的1989年，才出現第一部觸及以往不能談論的政治性議題電影《悲情城市》（1989）。回顧解嚴前的臺灣電影發展，對於臺灣人民的日本殖民經驗與創傷記憶，不被允許在國民政府「八年抗戰」的抗日歷史脈絡之中，並且被刻意的排除。直到解嚴後，才逐漸開始出現電影／歷史／人民記憶〔註20〕的思考與關懷。

在筆者初步對解嚴後臺灣電影的爬梳，發覺相關殖民敘事電影主要是以大眾記憶出土，因此筆者將藉由「記憶」觀點切入討論。然而記憶的意義並不只在於個人的心靈作用，通過電影媒體再現的殖民記憶，也會引起他人的相關記憶在被塑造出的歷史情境中進行匯流。因此，電影是記憶再現的工具，再現過程倚賴敘事結構，所以再現具有復原記憶功能，記憶則需被建構而成。反之，我們爲何要建構記憶，我們究竟遺忘了什麼記憶？透過記憶與遺忘的思辨，可以幫助我們思考歷史內容上的差異性。

法國學者 Maurice Halbwachs 是當代論「集體記憶」學說的代表人物。筆者從他《論集體記憶》著作裡，歸納出該理論兩種基本概念。其一，在思考我們如何記憶時，一定是藉由外物喚起我們曾有的經驗，其對應的記憶才會

〔註18〕參考：馬克·費侯著、張淑娃譯，《電影與歷史》（臺北：麥田，1998年9月）。
〔註19〕Stephen Heath 著、李尚仁譯，〈脈絡〉，《電影欣賞》44期（1990年3月），頁23。
〔註20〕參考：李尚仁、林寶元，〈電影／歷史／人民記憶：專題〉，《電影欣賞》44期（1990年3月），頁3～61。李尚仁、林寶元，〈電影／歷史／人民記憶：專題〉《電影欣賞》45期（1990年5月），頁3～53。

湧入我們的腦海。Maurice Halbwachs 以夢和記憶相辯證，論證記憶是根植於社會之中，我們也僅能在社會裡才能進行回憶、識別並對記憶加以定位。因此「記憶」是具有「集體性」的社會行為。其二，記憶是具有建構性的，集體記憶是社會建構的概念。換句話說，社會裡有許多群體，皆擁有各自的集體記憶，而這些記憶是靠群體中的個體們建構起來的。記憶是以個體進行而非群體，但卻也需要依賴特定的群體情境去記憶或是再現過去。因此過去是在現在的基礎上被重新建構的，而集體框架恰是一些工具，集體記憶可用以重建關於過去的意象，在每一個時代，這個意象都與社會的主導思想相一致。〔註21〕

　　依據上述有關記憶的概念，我們可以先就本論文所要探討的歷史敘事和記憶，思考電影呈現的是什麼樣的記憶內容？以及是如何記憶？兩個面向。蕭阿勤在探討集體記憶與敘事模式兩者的關係時，認為集體記憶不僅涉及「記憶什麼」的「內容」層面，更涉及「如何記憶」的「意義」層面，而意義層面的發展，主要是藉著將某種經驗內容納入特定敘事模式中的敘事化過程。過去的經驗因為被敘事化，才成為一種與敘事的中心主題相關的象徵，也才成為建構認同可資憑的象徵資源。〔註22〕所以當我們對殖民經驗重新討論時，也正試圖回復並建構其記憶，同時也正在建構我們的認同。因此當電影再現了什麼、以及想像了什麼，其過程都是一種再詮釋的建構，透過敘事化將過往的經驗象徵化，並賦予意義。另外在王明珂〈誰的歷史：自傳、傳記與口述歷史的社會記憶本質〉裡提出「誰在回憶」、「誰被回憶」以及「哪些主題被回憶」的質疑，點出對於過去經驗與歷史的詮釋權力問題，亦說明了歷史並非是單一性。〔註23〕

　　以此反思，在我們爭奪詮釋權力以強化某些記憶時，是我們曾經遺忘了什麼記憶嗎？記憶在什麼樣的社會、歷史情境中會被消解？這些詰問都能幫助筆者在對電影中的歷史敘事進行分析時，提供思辨的途徑。但是本論文並非全然使用集體記憶理論作為文本分析，而是意欲藉由集體記憶理論裡涉及

〔註21〕參考：莫里斯・哈布瓦赫著、畢然、郭金華譯，《論集體記憶》（上海：人民，2002年10月）。

〔註22〕蕭阿勤，〈民族主義與臺灣一九七○年代的「鄉土文學」：一個文化（集體）記憶變遷的探討〉，《臺灣史研究》6卷2期（2000年10月），頁124。

〔註23〕王明珂，〈誰的歷史：自傳、傳記與口述歷史的社會記憶本質〉，《思與言》34卷3期（1996年9月），頁147～184。

記憶與認同的關係與討論，幫助筆者在對於殖民敘事與殖民記憶之間的認識與詮釋能更具掌握力。

第三節 文獻回顧

有關臺灣日治時期再現殖民經驗的影片，在臺灣電影文獻中雖然已經有不少研究，但在碩士、博士論文中卻尚未有專論討論。相關文獻散見於專書、期刊論文與影評之中，其中又以影評佔文獻裡的大宗，其論點多為簡要觀感並雜揉美學、文學、政治批判的意識，缺乏較深入的歷史文化意義論述。因此筆者只針對主要相關的文獻作討論與對話，其他文獻則會在本論文的正文論述中穿插引用，不在此進行討論。

目前在臺灣碩士、博士論文裡有關臺灣電影的研究，主要以臺灣電影工業發展過程為討論方向，著重在外部結構對臺灣電影產業影響的探析，因此這些文獻大都從社會政治、經濟結構的切面去關照。此外，也有對電影產業發展策略與結構、以及市場機制進行分析研究者。近年來由於臺灣電影業的蓬勃發展，也出現不少針對消費行為與行銷策略的分析觀點。古淑薰〈臺灣電影生產場域分析，1998～2003〉〔註24〕論文裡，依據這些論文的分析途徑，以及勾勒出的臺灣電影樣貌，將分析面向歸納為三種類型：一、臺灣電影產業的歷史與外在結構分析；二、電影產業內部的市場結構分析；三、電影產業的行動者分析。該文從這三點的整理分析，認為這些探討大多以臺灣電影的困境為出發點，關注政治與經濟結構如何影響臺灣電影產業發展，但卻忽略了身為行動者的導演，亦是影響電影發展因素之一。〔註25〕因此筆者認為，雖然社會政經的外在權力結構機制，對於電影產業的發展有所設限，但這樣的制約不全然形塑臺灣電影全然樣貌，這些討論無法全面涵蓋臺灣電影導演及其作品在創作能動力下所具有的特質，例如個人成長經驗、文化歷史經驗等臺灣文化特性。

承上所述，臺灣碩博士論文大多採取電影工業發展以及市場機制的取徑分析，針對電影敘事內容，以及電影文本裡所承載的人文情感、社會歷史的討論方向，僅有少數藉由影像中的族群、性別、歷史來分析其中的臺灣文化與歷史經驗。本文想要關注的電影文本，以及意欲以「殖民經驗與記憶」的歷史敘事

〔註24〕古淑薰，〈臺灣電影生產場域分析，1998～2003〉（新北：輔仁大學大傳所碩士論文，2004 年）。
〔註25〕同上註，頁 9～14。

觀點作為討論對象，在林妏霜〈異質文化與記憶：解嚴後臺灣電影中的歌曲〉
〔註26〕裡第二章的〈日本記憶〉裡有較多系統性的關照。該章主要從《稻草人》
（1987）、《悲情城市》（1989）、《多桑》（1994）電影中的歌曲，與電影中的日
本殖民記憶，分析其再現或轉化的文化意義。論者以為《稻草人》（1987）藉
由日本軍歌顯示臺灣人民對日本帝國的虛幻認同，其中的日本記憶揭示殖民帝
國的侵略本質。另外，在重塑臺灣人面貌時採用了「癡憨」的形象，指出臺灣
底層人民在殖民統治之下，精神上顯現出異常狀態，暗示殖民主義帶來的困
境。在《稻草人》（1987）中的負面日本記憶，於《悲情城市》（1989）以及《多
桑》（1994）電影裡開始有所轉變。《悲情城市》（1989）裡對於日本女性靜子
一角色的塑造是友好而恬靜，另外〈紅蜻蜓〉、〈幌馬車之歌〉等日本曲在該片
中出現了轉化作用，暗喻有抱負的臺灣知識份子在國府時期遭受迫害，而對新
政府產生幻滅。論者以為片中臺灣人民對日本文化的懷舊與依戀，是用來反映
臺灣人民受國民政府壓迫的痛感，越過了日本統治時期的殖民創傷。而在《多
桑》（1994）裡的父親則是展現出特殊的戀日情感，對此論者以為該部電影裡
的日本記憶是展現出抵抗國民政權，進而也表達出主體想要介入現在的慾望，
主角是藉由美好的日本想像，將過去的生命經驗介入現時的歷史時間內。並且
認為這三部電影所展現的日本記憶，體現臺灣文化論述對於日本記憶的討論，
已從負面論述開始逐漸轉向為積極的一面。

　　雖然論者對臺灣電影中的殖民記憶敘事點出其轉變的特性，但由於該論文
側重電影歌曲的分析研究，在電影敘事以及美學形式上並沒有太深入的探討。
筆者以為這三部電影其實蘊含非常複雜、多層次的歷史文化觀點，其中《悲情
城市》（1989）和《多桑》（1994）中出現的正面日本記憶，並非全然是一種對
於現處環境的痛苦下，轉以追憶過去美好的情感表現。對於這樣的戀日情感傾
向，應可追溯至殖民時期的殖民政策，以及個人文化資產的養成過程，我們可
以由探索個人成長經驗與生命歷程，理解一個人的生命史與時代之間的關係，
並且藉此來探析主導他們戀日情感結構產生的原因。此外，殖民經驗在不同電
影被轉化運用，體現出的是臺灣電影持續不斷地在摸索、以及建構臺灣認同的
文化意義。因此筆者欲加入《無言的山丘》（1992）一同探討，將電影文本中
的殖民記憶置於歷史脈絡中觀察，與電影語言的策略分析交互關照討論。

〔註26〕林妏霜，〈異質文化與記憶：解嚴後臺灣電影中的歌曲〉（新竹：清華大學臺
　　　　文所碩士論文，2008 年 6 月）。

　　專書方面主要有三本書籍可供筆者作為參考。1994 年陳儒修出版的《臺灣新電影的歷史文化經驗》〔註 27〕，該書乃是根據陳儒修的博士論文改寫翻譯而成，研究對象主要是臺灣新電影時期的影片，重點在爬梳臺灣電影裡呈現的歷史文化經驗，並且試圖勾勒臺灣電影從十九世紀末到 1980 年代末期新電影的變遷。他認為臺灣的文化經驗反映出散布游離（dispersion）、兩極徘徊（ambivalence）、交錯混雜（hybridity）三大特質，並著眼這三點特色試圖探討臺灣經驗與新電影之間的關係，肯定複雜多元的臺灣經驗是孕育新電影的靈魂來源。陳儒修藉由歷史文化經驗視角討論臺灣新電影，將其中顯現出的社會、歷史、文化的主體性的部分做剖析與定調，點出新電影是對「臺灣」自身經驗追問，也強調臺灣電影具有自己的歷史性。雖然該書對於殖民敘事或是日本記憶議題僅在解析《悲情城市》（1989）的文化認同時提及一點，他認為臺灣人因受過日本統治，而被國民政府排斥，使得在面對自我身份認同時，有徘徊不定的態度，《悲情城市》（1989）及《香蕉天堂》（1989）便是呈現臺灣歷史經驗裡的兩條不同歷史脈絡。該書在 1994 年出版時，具有開啟臺灣電影的歷史文化討論的意義與研究貢獻。

　　其次是 1998 年盧非易的《臺灣電影：政治、經濟、美學 1949～1994》，這本書強調電影是複合的藝術媒體，並將電影放置在政治、經濟、美學架構中分析，企圖探索臺灣電影發展歷程的宏觀面貌。〔註 28〕內文以五年為分期的編年方式，讓論述具有時間脈絡次序，除了觀察臺灣政經因素，是如何影響臺灣電影工業的發展之外，也進一步探究這些因素與電影美學形塑之間的關係，提供了筆者對於臺灣電影研究脈絡較為完整的輪廓。此外，該書認為臺灣電影在新電影之後的 90 年代初期，無論官方或民間的研究和論述，都出現對身份認同追尋的熱潮，同時反映在臺灣電影裡頭。關於日本殖民統治對臺灣人產生的認同問題，論者提出了《無言的山丘》（1992）、《戲夢人生》（1993）、《皇金稻田》（1992）、《多桑》（1994）為討論、比較對象。他以為《皇金稻田》（1992）太過傾向日人觀點，是由於受到東洋流行文化影響，才造成文化認同超越族群認同現象，是一種身分認同的錯亂。對於《多桑》（1994）則是認為該片呈現出父親與下一代之間的認同差異，但影片卻未對國民政府提出絕對的質疑，顯現了一種對統治的曖昧認同，也反映出當時社會大眾的

〔註 27〕陳儒修，《臺灣新電影的歷史文化經驗》（臺北：萬象圖書，1993 年 12 月）。
〔註 28〕盧非易，《臺灣電影：政治、經濟、美學 1949～1994》，頁 23～24。

隨機應變的認同技巧。然而筆者以為，這樣的論述並不能涵蓋文化認同游移的全貌，也缺乏從電影文本中提出相關論證來支撐以上的觀點。尤其《多桑》（1994）裡關於日本文化與中國文化認同之所以產生矛盾，是因為中國八年抗戰的歷史經驗與臺灣的殖民經驗是有相違的，才造成受國府教育的子女與受皇民教育的父親，兩者之間的緊張關係，此外，筆者也將在本論文中進一步討論黨政時期的國家機器侵略家庭的私領域，造成了何種影響。因此，該書有宏觀的架構提供研究者一個全面性的視野，但由於探討面向太廣，使得電影文本分析無法太過細緻，而筆者也將在這塊空缺上作為本論文的實踐方向。

第三是 2011 年葉蓁的《想望臺灣：文化想像中的小說、電影和國家》。該書原在 2004 年以英文出版，2011 年翻譯成中文在臺灣出版。這本書藉由對臺灣意識形成有其關鍵性作用的文學與電影兩種文化現象，探討國家修辭在臺灣文化想像中如何被生產、操弄和轉變，試圖追溯臺灣意識的萌芽與演變軌跡。論者以黃春明以及侯孝賢的作品為分析對象，從鄉土文學作為論述切點與時間起點，並且詳細分析臺灣新電影與鄉土文學脈絡之間的關係。受到黨國機器控制的臺灣電影，遲至 80 年代的新電影時期才開始體現 70 年代的鄉土熱潮，臺灣文化認同即是他們試圖所闡釋的。在第三章和第四章中，對侯孝賢的《臺灣三部曲》，不論是敘事形式或是電影文本都有精闢的文化分析。文中提出了大眾記憶與日常生活的概念，直指出侯孝賢電影敘事上的特性。此外，論者以侯孝賢與黃春明的部分作品，分析其歷史的處理、語言的角色、現代化問題、認同的替代概念，藉由不斷的文化建構，反映當今多元文化、高度跨國意識的臺灣社會。

在期刊論文方面，有齊隆壬〈臺灣電影的日本殖民記憶〉〔註 29〕。該文以王童《無言的山丘》（1992）和侯孝賢《戲夢人生》（1993）為分析對象，從殖民者與被殖民者間含混的雙重關係、及殖民法權的視角切入。他提出殖民者與被殖民者的身份在兩部片中已經脫離壓迫與被壓迫者的單一敘述模式，且身份是會隨著殖民法制的調整而有所變化。換句話說，臺灣日治時期依據殖民統治手段前後期的改變，被殖民者從抵抗到被同化的過程，其階級關係也隨之變化，即便如此，其境遇仍是一樣。這點見解給予筆者在觀察殖

〔註29〕 齊隆壬，〈臺灣電影的日本殖民記憶：《無言的山丘》與《戲夢人生》〉，《中外文學》23 卷 6 期（1994 年 11 月），頁 114～123。

民體制時產生更多層次的思考，尤其是階層問題不僅在種族層次，還有資本經濟下的階級與性別問題，例如《無言的山丘》（1992）即是一部呈現多重殖民觀點的影片。此外，論者也肯定了影像在承載人民記憶的功能上，當下層階級不能說話之際，透過影像就能允許敘述自身故事。他也認爲在解嚴後，這兩部片以下層庶民記憶的方式呈現歷史，不但重新思考了主體與他者間的新關係，也隱含著在重新定位自我主體性時，表達出對未來的視見，同時也揭示著一種新的歷史觀。

　　關於電影與人民記憶的關係，在李承機的〈殖民地歷史經驗中的「個人記憶」與「集體記憶」：戰後臺灣「歷史記憶」的構成與演變〉〔註30〕一文中，對於《海角七號》（2008）的風潮，便是以「記憶」作爲觀察視角，說明 50 年代以來臺灣出現的大眾文化，是戰後臺灣的「個人記憶」和「集體記憶」交會的場所。並且指出臺灣日治時期的殖民「集體記憶」在戰後被迫連結至中國的抗日經驗，國家機器透過政治手段的操作，使得日治殖民經驗轉化成中國化的歷史記憶。80 年代新電影時期，在探索個人成長回憶的浪潮裡，開啓了一個可匯聚共同成長經驗的通路，隨後《悲情城市》（1989）上映，碰觸二二八的禁忌，將一種企圖自我掌握歷史解釋權的正當性表現出來，加上解嚴後政治的鬆綁，二二八事件的個人記憶開始匯集成集體記憶，此狀況也進而影響著意欲顛覆抗日集體記憶的日治殖民經驗。從李承機的觀點而言，其推論著實有力，不過以筆者在影像上的觀察，發現早於《悲情城市》（1989）出品的《稻草人》（1987），對於戰爭末期臺灣庶民生活已有細緻的考察和犀利的批判視野，在解嚴前後的政治伏流中，日本殖民記憶早已被電影創作者所關注。另外論者在結論提到：

> 當今臺灣的殖民地時期「個人記憶」與「集體記憶」，已經隨著有殖民地經驗的個人及其所屬群體的凋零而逐漸消逝。但戰後至今經過政治、社會等制度或意識形態操作或轉化過的某些「歷史記憶」，卻會越過世代繼續傳遞，或者會隨著會隨著將來的政治，社會等變化而持續演變。如同 P.Ricoeur 所言，「歷史與虛構」（fiction）的交叉會賦予〈歷史的具體化〉一種隱喻性的指示性格；而轉化成歷史的

〔註30〕李承機，〈殖民地歷史經驗中的「個人記憶」與「集體記憶」：戰後臺灣「歷史記憶」的構成與演變〉，「東亞知識交流與歷史記憶」國際學術研討會（東北亞歷史財團主辦，2008 年 12 月），頁 303～320。

記憶其隱喻效果即會產生出許多的〈類推〉。而《海角七號》則是運用殖民地歷史記憶所類推出的文本，提供一個對殖民地歷史記憶更大的論述空間。其呈現出的也是一種把殖民地歷史經驗不斷畫爲隱喻的歷史記憶以脫離殖民地歷史經驗而逕自演變，也自行類推出更多種的歷史記憶。〔註31〕

《海角七號》（2008）的背景雖然運用了日本殖民歷史的時空記憶，但並無刻意強調日本殖民眞實的庶民生活線條，李承機認爲是因爲殖民記憶在不斷被隱喻之後，形成文本類推，以致於讓殖民記憶被想像化的演變。大體而言，從上文的觀察，《海角七號》（2008）並非是以嚴肅方式去探討殖民歷史的電影，其主力仍是放在通俗劇情，其中有關殖民經驗與歷史記憶的部分，則是展現在殖民意象在電影裡的運用，出現了變化的可能性，而這樣的可能性同時也說明了歷史虛構特性，使歷史記憶產生不斷演變的狀況。

另外廖褘彬〈多階層殖民下臺灣文化實體之考察〉〔註32〕中提出「多階層殖民」的概念，臺灣文化受到多層殖民以及中國、日本、美國三個「文化實體」的影響，當我們擁有兩個以上的文化實體時，即有可能導致個人內部的矛盾。而「多階層殖民」的多重殖民性，也正是何以在臺灣歷史電影出現國民政府和日本的集權意象或威權形象時，產生比較或相互影射的原因所在，例如《天馬茶房》（1999）、《超級大國民》（1994）等等。在這些影片中，也顯現出在日本戰敗撤退之後留下的日本遺緒和情感，在過渡到國民政府時產生的歷史問題。

回顧上述文獻，可以發現臺灣電影在80年代的臺灣新電影時期，有別於戰後以來主要以抗日經驗、中國文化爲主調的歷史敘事，開始提供新的歷史觀點。即使新電影在《悲情城市》（1989）高峰之後開始黯然走下坡，但其美

〔註31〕李承機，〈殖民地歷史經驗中的「個人記憶」與「集體記憶」：戰後臺灣「歷史記憶」的構成與演變〉，「東亞知識交流與歷史記憶」國際學術研討會（東北亞歷史財團主辦，2008年12月），頁319～320。

〔註32〕廖褘彬在〈多階層殖民下臺灣文化實體之考察〉一文裡有提到，當政權轉換時，舊有時代的主流文化，有可能因而淪爲下階層文化。透過文學或電影作品的陳述，我們已經可以看到不同文化實體，雖然隨著政治機會的得與失而離開政治舞臺，但他們構成思維核心的論述體制卻在臺灣的民間社會與個人家庭之中，留下了相當長遠的影響。因此，重尋庶民的生活痕跡，是爲重要撿拾殖民經驗線索之一。參考：廖褘彬，〈多階層殖民下臺灣文化實體之考察〉，（臺北：臺灣大學法教分處政治學所碩士論文，2003年7月）。

學形式和追尋自我經驗的主題，在解嚴後仍持續影響臺灣電影。尤其是在已解嚴的 90 年代以後，有關殖民記憶與歷史經驗的論述，更是文化生產中重要的討論面向。

第四節　論文章節概述與安排

碩士論文之章節內容

第一章　緒論

本論文第一章主要闡明研究動機與問題意識，前行研究回顧，研究方法與範疇、章節架構及內容說明。

第二章　大眾記憶的出土與日本時代的重返

本章主要分成三節析論《稻草人》（1987）、《悲情城市》（1989）以及《無言的山丘》（1992）。這三部片雖然表現形式與美學風格迥異，卻同樣展現臺灣本土經驗的大眾歷史記憶的關懷。

第一節先就《稻草人》（1987）悲喜劇的美學形式進行探討，說明美學形式特色是什麼？以及與整體影像敘事策略的關係為何？再進一步分析電影《稻草人》（1987）中揭露與凝視的歷史事件、庶民觀點、集體記憶具有哪些時代意義。

第二節則先從《悲情城市》（1989）電影上映前所引發的事件，觀察《悲情城市》（1989）在當時的突破；其次，討論電影上映之後，內容因影射「二二八」事件，隨即引起的文化現象，反映出社會大眾對於歷史重述的渴望。最後，討論侯孝賢如何重塑日本殖民統治的歷史經驗，重新建構臺灣人的身份認同，以挑戰官方單一歷史文化論述霸權。

第三節討論的電影《無言的山丘》（1992），劇情內容是以臺灣日治時期的礦區、礦工受壓迫的殖民情境進行影像書寫。本節主要討論臺灣土地與人民在日本帝國入侵以後，造成什麼樣的影響？首先解析電影鏡頭下的礦區山城，揭示出殖民資本主義的本質。第二部份進一步探討在礦區內的庶民中，來自琉球的雛妓、中日混血的角色紅目，關照他們在族群、認同、性別之間的多重邊緣位置。最後，筆者想探討臺灣「土地」在導演的鏡頭凝視下，呈現出什麼樣的歷史意識。

第三章　自傳式殖民敘事與情感視域

本章分爲兩節，以侯孝賢的《戲夢人生》（1993），以及吳念眞的《多桑》（1994）進行文本分析。兩部電影承繼上一章的歷史敘事特色，同樣把握庶民記憶的特色，但在形式表現上則是轉向個人記憶爲敘事重點，試圖從個人的生命經驗觀照日治時期的大眾生活面貌。

第一節首先談到侯孝賢《戲夢人生》（1993），不論是在內容或展演形式，都有其突破性展現。電影以偶戲師李天祿的一生爲劇本，試圖呈現臺灣日治時期五十年來的概況，並著重人的存在問題。導演運用人與布袋戲劇的命運與變化，建構複雜的敘事結構與美學形式，以此探問歷史的眞實與虛構問題，透過特殊的的歷史敘事形式，進一步揭示國族主義的虛幻。因此，本節首先將對電影文本進行敘事結構的分析，以理解電影傳達的「疏離」所表達的歷史意涵；第二，重新省視電影的鏡頭語言，透過李天祿的日常生活呈現出什麼樣的的日治記憶；最後，則是探討文本中「戲劇」文化象徵的運用策略。

第二節則是探討電影《多桑》（1994）中的兒子如何透過對父親的回憶及追溯，進而理解父親的日本記憶與情感認同。本節第一部分先探討電影裡「多桑」所處的世代問題，這一群從日本殖民時期跨越到國府時代的臺灣人民，在戰後表現出什麼特性？第二部分討論的是影片中多桑與子女之間的衝突，呈現出的是何種政治意識的矛盾？第三則是討論影片中的多桑對日情感的曖昧，析論何以他戀日的特殊心境。

第四章　殖民地武裝抗日事件與族群歷史重述

本章主要分成二節，文本分析對象爲洪智育的《一八九五》（2008），以及魏德聖的《賽德克·巴萊》（2011）。這兩部電影的共同特色皆是以族群視角，討論 1985 年乙未割臺之後，臺灣與日本帝國間的武裝衝突事件。

第一節首先探討《一八九五》（2008）的電影產製的背景與過程，第二部份析論電影中所展現出「保家衛土」之歷史意識爲何？以及析論電影如何突顯土地意識的敘事策略。第三部分則是探究電影中另一個重要的族群敘事向度，亦即日人形象塑造之敘事意義。

第二節首先探討霧社事件過去的歷史敘事以及歷史意識爲何？第二部分探討魏德聖回歸族群本位視域的劇作歷程。第三部份則是進一步分析電影《賽德克·巴萊》（2011）的歷史敘事，探討導演在電影裡呈現的歷史意識爲何？

第五章 結論

本章將總結前四章的觀點與論述，再次說明解嚴後到 2011 年期間，臺灣電影中有關殖民敘事在解嚴後初期、90 年代與 2008 年後的三個時期，主要呈現出的大眾歷史記憶、臺灣人集體情感和族群歷史重述的歷史敘事特色，及其彼此之間的關係。

第二章　大眾記憶的出土與
　　　　日本時代的重返

第一節　戰爭期皇民化悲喜劇：《稻草人》（1987）

前言

　　1987 年 7 月，王童導演拍攝的《稻草人》在全臺上映，獲得廣大迴響。這部電影的主題述說了日治末期臺灣庶民困苦的生活。導演以平實的現實主義形式、黑色幽默的手法，傳達臺灣人長期被壓抑的二戰記憶和反戰觀點，創造出讓觀眾容易親近、內容深刻且笑中帶淚的難忘作品。

　　該片同年榮獲「第 24 屆金馬獎」最佳劇情片、最佳導演，編劇王小棣、宋紘也獲得最佳原著劇本獎。《稻草人》（1987）在國內、外得獎之際，各界報章雜誌的評論相當一致，它們不約而同地在以下面向肯定這部電影：政治諷刺、歷史取材、反戰批判、人文關懷。〔註1〕若以今日的觀點和用語

〔註 1〕　參考：臺北訊，〈今年金馬獎展開角逐　港臺精英盡出‧且看誰能入圍‧五十七部影片完成報名‧本月下旬公布提名名單〉，《聯合報》，1987 年 9 月 1 日，第 9 版。于毅，〈六部提名最佳影片評析〉，《聯合報》，1987 年 9 月 17 日，第 12 版。曹銘宗，〈王童笑中帶淚的政治控訴：稻草人悲憫日據時代臺灣農村荒謬的宿命觀〉，《聯合報》，1987 年 10 月 15 日，第 9 版。本報訊，〈焦雄屏看電影‧稻草人成功營造意象‧魚與炸彈豐富內涵〉，《民生報》，1987 年 10 月 28 日，第 12 版。焦雄屏，〈金馬往何方奔騰，評選應確立標準〉，《聯合報》，1987 年 10 月 30 日，第 3 版。梁良，〈螢幕長片評介〉，《民生報》，1988 年 12 月 10 日，第 11 版。

解釋，他們一致肯定的是：殖民地戰爭經驗此一歷史題材的原創性、黑色幽默的敘事形式、庶民觀點中流露的臺灣人情、以及其中犀利的政治諷刺。在解嚴前夜，臺灣民主化歷史正要揭開、將露未露的這個特殊時間點，這種題材仍舊敏感，是當時少見的本土歷史回顧電影。也正因爲如此背景，這部獨具巧思地由稻草人擔任「敘事者」、包覆在小人物詼諧話語、瑣碎日常生活故事的殖民地戰爭反思電影，才不會觸犯言論尺度，既有嚴肅意涵、又兼顧商業娛樂效果，因而獲得廣大觀眾的接受和共鳴。國族歷史敘事逐漸崩解的時間點，及解嚴前無法完全突破的侷限，使導演必須「舉重若輕」、「蜻蜓點水」地進行這趟本土歷史反思。王童恰如其分地在解嚴前夜斟酌合適尺度，成功探觸臺灣人的歷史記憶和情感結構的手法，即是——黑色幽默。

因此，本節將從《稻草人》（1987）中發揮組構全片功能的黑色幽默爲出發，首先探討此一美學形式在解嚴前夜中使用的必要性和效能；其次，討論導演如何運用以黑色幽默爲中心的一連串形式與場景佈置，鋪陳他的歷史反思？最後，討論《稻草人》（1987）中揭露與凝視的歷史事件、庶民觀點、集體記憶具有哪些時代意義？

一、解嚴前夜的黑色幽默

1987 年和《稻草人》一同競逐金馬獎的香港強片，來勢洶洶。當時的《胭脂扣》、《倩女幽魂》和《流氓大亨》，無論是演員演技，抑或是電影製作的技術，都略勝臺灣製片。《稻草人》（1987）最後能夠在其中脫穎而出，囊括三項大獎成爲最大贏家，顯示該片的獨創性。《稻草人》（1987）次年更在「第 33 屆亞太影展」獲得最佳劇情片獎和最佳男配角獎，揚名國際。該片因爲對於日治時期臺灣皇民化運動與戰爭傷痕的歷史凝視、深刻的反戰精神、平易近人的庶民視野，而別具新貌。它使得已陷入窠臼的「中國抗日電影」，有了從中國抗戰史躍入臺灣歷史時空、從國家民族大敘事奪還臺灣民眾參與歷史評價權利的大翻轉。在本節裡，筆者將說明這一個成功的大翻轉，奠基於導演敏銳地將「黑色幽默」這個富含大眾化效果的形式，與「解嚴前夜」臺灣人追尋本土歷史與民眾集體記憶的社會心理，作了巧妙的結合。

《稻草人》（1987），誠如片名所示，電影以一個佇立在水田間的「稻草

人」之視角展開敘述。這個非人的稻草人，以淡定的口吻，見證了受到二戰波及的臺灣。稻草人的視角集中在農村中的一個佃農家庭，特別聚焦在憨直的兄弟「陳阿發」和弟弟「闊嘴」身上。母親為了不讓身為家中支柱的兩兄弟被日本帝國徵召到南洋打仗，每晚用牛糞塗抹他們的雙眼造成眼疾，以逃避徵兵制度。妹妹「陳水仙」曾是村裡公認的美人，但新婚丈夫卻戰死南洋，導致水仙發瘋。阿發兄弟耕種的小塊田地，稻作總是欠收，家裡人口卻猶如驅不完的麻雀般眾多。不料，因戰況加深之故，也是姻親關係的地主一家三口，因都市地區遭受空襲、前來陳家「疏散」、借宿，陳家熱心款待地主，卻更增加了負擔。然而，真正讓這個貧困的大家族雪上加霜的，莫過於地主突然告知欲把佃地收回、賣給糖廠，以便舉家前往東京避難，就在愁雲慘霧之際，家中唯一資產的耕牛也要被日本徵收作為罐頭。當這家人不知如何面對晦暗的未來時，田裡竟掉下一顆美軍的未爆彈，這塊天賜的大鐵重燃起他們的希望。地方警察大人領著阿發和闊嘴，扛著炸彈到鎮上找警察所長，以換取獎勵。運送未爆彈的過程不斷發生荒誕風波，令觀眾為他們捏把冷汗，但也引人發噱。抵達時，平日對「日本精神」大言不慚的日本所長，非但沒有欣喜反倒震怒，不惜舉槍強逼這三人將炸彈丟進海裡。最後炸彈在海裡引爆，死魚遍佈在白浪滔天的海岬。兄弟倆雖沒領到期盼的獎金，卻撿了滿滿兩籮筐的魚。回到家後，吃到魚的孩子們，天真的期盼美軍能夠天天拋下炸彈，如此一來便有吃不完的魚了。

　　在現實的歷史情境中，太平洋戰爭時期，日本母國為了持續戰事進行，對殖民地臺灣實施皇民化政策，經濟上也採取統制管理，整座島嶼進入全面的戰時體制，以配合日本帝國的戰局。戰爭之下，人們在巨大的歷史洪流之中，生活極為艱苦。原本蒼涼悲淒的歷史，《稻草人》（1987）兩位編劇王小棣和宋紘，卻用各種活潑的丑戲、諷刺、滑稽、荒謬、懸疑、悖論的手法和情節，勾勒出戰爭對人民的壓迫和傷害，以及小人物努力適應環境的掙扎〔註2〕，讓全片兼顧詼諧喜感與歷史反思，不沈悶也不落俗套。如此成功的將黑色幽默形式與本土歷史議題的結合案例，也產生不少影響。1980 年代新電影崛起，隨著更多鄉土文學作品的翻拍，有更多與臺灣歷史、民眾生活相關的題材躍上大螢幕，例如 1983 年的《兒子的大玩偶》、1984 年的《嫁粧一牛車》

〔註 2〕 焦雄屏，〈稻草人：荒謬的戰爭處境〉，《臺灣新電影》（臺北：時報文化，1988年 3 月），頁 234。

等。影評人焦雄屏曾在〈稻草人：荒謬的戰爭處境〉一文中，試圖將「鄉土喜劇」與「鄉土文學」進行比較，並給予如下的肯定：

> 這種喜劇／鬧劇夾纏，卻關心小人物及民間現象的傳統，在七十年代的臺灣鄉土小說再度出現。黃春明、王禎和都是個中高手，〈蘋果的滋味〉、〈魚〉、〈嫁粧一牛車〉、〈玫瑰玫瑰我愛你〉等作品，都充滿了謔仿（parody）、戲弄、諷刺的筆調和用法。但是，在種種鬧劇及滑稽現象中，我們看到小人物處境的荒謬與可憫。這種笑中帶淚的喜劇模式，在卓別林的電影，以及義大利新寫實主義轉為喜劇時（如：〔昨日、今日、明日〕）、〔瑪丹娜街的奇蹟〕，都一再展示出其魅力，成為電影史上最值得珍惜的片段之一。
>
> 鄉土喜劇過去曾搬上銀幕（如〔玫瑰玫瑰我愛你〕、〔嫁粧一牛車〕等），但是，大部分都未能把握原著那一層悲憫，徹底淪為低俗喜劇和俚語粗話大全，小人物及相等於小丑，小說原有的趣味及力量也顯得單面及薄弱。一直到〔稻草人〕出現，這個文學傳統才真正在電影中得到適當的發揮。〔註3〕

焦雄屏認為直到《稻草人》（1987）出現，臺灣電影才成功地承繼了鄉土文學戲謔書寫的傳統，不僅諷刺手法有純熟表現，更把握住其背後的抵抗精神。換言之，《稻草人》（1987）是第一部成功地將「鄉土小說」轉為「鄉土喜劇」的電影，焦雄屏對《稻草人》（1987）有著高評價的肯定：

> 所以〔稻草人〕的出現有其重要意義，在幾乎所有鄉土小說搬上銀幕都失敗後（〔兒子的大玩偶〕例外），能以原創的姿態，真正承襲鄉土小說的精神，並且開發了臺灣電影少見的嘲謔傳統，直指政治諷刺。導演王童及編劇王小棣、宋紘都居功厥偉。〔註4〕

除此之外，筆者欲指出《稻草人》（1987）非但是繼承了 70 年代的鄉土小說，它更是繼承了 40 年代「臺灣光復」初期的鄉土小說，而後者則是與日治時期臺灣寫實主義小說的精神一脈相承。從押送未爆彈到擔回吃不完的魚的片斷，取自於戰後第一位成功跨越語言障礙的作家呂赫若的短篇小說〈故鄉的

〔註 3〕 焦雄屏，〈稻草人：荒謬的戰爭處境〉，《臺灣新電影》，頁 233～234。
〔註 4〕 同上註，頁 236。

戰事二：一個獎〉。〔註5〕這篇在性質上隸屬於戰時下臺灣人集體記憶、反戰、殖民主義批判的後殖民地小說，1946 年以中文形式刊載於《政經報》，在 1987 年它以電影的形式與臺灣大眾見面了。〔註6〕

〈故鄉的戰事二：一個獎〉這篇小說的背景同樣設定在二戰期間的臺灣農村。一位憨直的農民「唐炎」在躲過空襲之後，發現自己的水田裡掉落七、八枚美機擲下的未爆彈。這些棘手的未爆彈讓唐炎非常煩惱，他想起一位鄰居的兒子在路上撿了兩個機槍彈因未繳交，被日本人視為在暗中幫敵而被拘留刑求，雖然最後無罪釋放，但最終仍不敵殘酷虐打重傷而死。因為這個經驗，讓唐炎陷入兩難的困境：撿拾炸彈怕傷及性命，但若不將炸彈繳給日本警察大人，又怕被誣陷。最後他聽了鄰居「水木」的建議，把炸彈拿去派出所繳交。然而素日都是一臉猙獰樣的「池田大人」，一見到唐炎手捧炸彈時，頓時嚇得面容失色，倉皇地躲進院子裡的防空洞不敢露面，氣急敗壞地叫他趕緊走開。唐炎見狀，對大人怕死的模樣感到好笑。直到他將炸彈繳給保甲書記之後，池田才從防空洞鑽了出來並把他叫住。當日唐炎差點成了一個投彈暗殺犯，同時獲得池田一頓拷打的「大獎」。村里的人都說唐炎太憨直了，在經過這場無妄之災以後，唐炎知道日本人不怕死的傳說都是假的。

呂赫若的這篇短篇小說與《稻草人》（1987）電影後半段的劇情內容非常相似，同樣以對生命具有威脅的炸彈，製造一場矛盾的情境。前者小說以倒反法，直接嘲諷小說主角唐炎因繳交未爆彈而獲得一頓拷打的「大獎賞」，露骨地批判了日本人的貪生怕死之外，最後也點出日本對臺灣人的欺騙，全文表現出臺灣人民在殖民帝國的法度無常之下，動輒得咎的淒苦處境；然而，電影《稻草人》（1987）在情節安排上，則是置入更多的悲憫之情。電影中阿發兩兄弟雖然也未獲得日本警察大人的獎賞，但在海底不慎引爆的炸彈，卻意外地讓他們帶回滿籮筐的死魚，電影最後在全家人開心地享用魚肉的歡愉氣氛下結束，為這家人留下一個微弱希望的結局。

重新爬梳「鄉土喜劇」與「鄉土文學」的歷史關聯之後，我們可以發現電影《稻草人》（1987）的出現是戰前臺灣文學家與戰後臺灣電影工作者們，

〔註5〕呂赫若，〈故鄉的戰事二：一個獎〉，《呂赫若小說全集》（臺北：聯合文學，1995 年 7 月），頁 519～524。

〔註6〕謝世宗在〈悲慘世界中的喜劇視境：試論王童的臺灣三部曲〉一文裡亦有提及。謝世宗，〈悲慘世界中的喜劇視境：試論王童的臺灣三部曲〉，《清華學報》41 卷 2 期（2011 年 6 月），頁 384。

多個世代人的時代省思和集體記憶的結合。了解這一點有助於我們接著探討，何以在解嚴前夜這個時間點，「黑色幽默」會成為王童的選擇？這個問題的答案，無非表示自日本統治時期到戰後國民黨統治以來，臺灣人民長期被中國抗日論述與抗日記憶壓抑、以及被「皇民化＝奴化」論述否定的二戰記憶和反戰觀點，即將在解嚴前夜衝破歷史地表，以最具傳播性和民眾感染力的電影形式，在臺灣民眾的面前公開播映。儘管此刻，它被電影公開表述時採用的形式和尺度，尚不得不保留某種間接、和緩或自我揶揄的姿態。但是，導演運用黑色幽默的形式，不但能夠承載悲劇的力量，在反諷的鏡頭語言下亦展現其批判力道。另外，在解嚴前夕因臺灣政治結構鬆綁，經濟突進發展，社會風氣逐步開放，如此富含大眾化效果的形式，也將「解嚴前夜」臺灣人追尋本土歷史與民眾集體記憶的社會心理，作了巧妙的結合。

二、臺灣的太平洋戰爭經驗

誠如上段文章裡所討論的，本部電影最重要的特色在於黑色幽默的展現，透過現實主義的場景佈置、以及嘲諷、諧仿的劇情橋段，將一段在公共場域中失去記憶的殖民地歷史經驗，再現於大眾面前。究竟導演在演繹這段歷史記憶時，如何以黑色幽默為中心的一連串形式與場景佈置，舖陳他的歷史反思？筆者將在下文中進行分析探討。

電影一開始，一支日本軍隊從遠方沿途演奏〈日本陸軍〉軍歌走來，鏡頭特寫插有日本太陽旗的骨灰罈，指出歸來者已亡故。又再將鏡頭拉遠，出現一位斷腿臺籍軍人坐在擔架在隊伍最後。下一幕，鏡頭則隱身在一群頭戴斗笠的臺灣農民群眾之中，面對著日本軍人，陣亡於戰場的亡靈受到日人的表狀讚揚，稱其建立奇功，功勳殊為勘榮。代表中國樂器的嗩吶以及代表日本西化後的西洋喇叭、鼓樂同時奏響，逐形成一股荒謬之感，而造成刺耳吵嘈的混雜樂聲，同時也指涉了臺灣被日本殖民所造成的衝突與不協調的處境。進入片頭時突如其來「天皇陛下萬歲！萬萬歲！」的喊話聲，竟然是來自一位「稻草人」。接著便由這位稻草人講著臺灣國語偶而夾雜臺語的說故事口吻，補述時代背景，並介紹人物出場：

> 當時街上的年輕人，都被抓去南洋當兵，送死了。不過還是有人有
> 辦法不用去當，就是阿發、閻嘴兩兄弟，有人說他們可以不用去當
> 兵是因為他們對巡查捕很巴結。只有我知道這個祕密，她媽媽知道

偏方，每天晚上都拿牛屎替他們兩兄弟塗眼睛，還真有效啊。到現
在聽說他們兩兄弟還砂眼散光帶色盲，想當兵人家還不要，真有福
氣喔！

電影開場，王童便以三個段落爲重述臺灣殖民地戰爭經驗、反戰觀點以及喜
劇式的形式定調。先以一場「無言的凱旋」〔註7〕，指出戰爭所帶來的死亡、
傷殘的威脅。遠征南洋的臺籍日本兵戰死之後，日本帝國會爲其亡靈舉辦隆
重的迎送儀式，並且公開頒布這份「榮耀」。然而，導演化身爲稻草人時，揭
露了阿發、闊嘴兩兄弟不用當兵的祕密，並讚嘆這可是個難得的大福氣。諷
刺的是這份福氣卻是把眼睛弄成殘疾才獲得的，矛盾的生存法則，告示了在
太平洋戰爭時期臺灣殖民地生活的荒謬。另外，藏身於臺灣民眾裡的鏡頭也
顯現出導演對人民的關懷立場，而矗立於田埂中的「稻草人」面對竊喫稻穀
的大群麻雀卻無法起任何作用，也象徵當時臺灣底層人民僅能卑微的活著，
生命在戰爭之下無法以自身價值作用。

　　王童欲討論的命題如此嚴肅，他卻用一種喜劇的基調〔註8〕展示這時代下
的悲慘世界。在人物塑造上都以可笑的形象登場，例如闊嘴看見牽豬哥就興
奮、阿發的太太瞎了一隻眼、阿發則陷入精神焦慮狀態而不斷碎嘴，其長子
名叫牛屎，還有一位瘋癲的妹妹等等，這些憨愚或是殘壞的被殖民者形表現
除了呈現出可笑的喜感，也象徵著殖民主義下扭曲的人民臉孔，然而電影裡
的他們各個都是逆來順受，懂得苦中作樂，搭配上詼諧的對白，使人不斷發
噱。尤其在國語片裡偷渡一些俚俗的臺語用語，更是畫龍點睛，讓人物更加
鮮明活潑且充滿生命力。雖然阿發與闊嘴不需到前線繳付血稅，卻逃不過日
本帝國各方壓迫和剝削，過著極爲貧困的生活，而地主一家人突然造訪，使
他們的處境更加窘迫。即使如此，阿發一家人仍備上豐盛茶餚盛情款待，而
警察大人也攜帶家眷不請自來。他們在餐桌上討論戰爭局勢，阿發的媽媽則

〔註7〕　「軍人若在前線死亡，一般情況是，在當地火化，骨灰裝在專用的容器內，
　　　　單位用詞爲『柱（はしら：尊、位）』，由戰友送回交給家屬。當時常見的景象
　　　　是，戰友用白色的布帶把骨罈吊掛在胸前，一路捧送回來。當死者的骨灰由
　　　　戰友搭乘火車送回故鄉時，在火車站有相當隆重的迎送儀式。返回故里時，
　　　　當地則舉辦由官民參加的莊嚴葬禮。這一類的歸還，稱爲『無言的凱旋』。」
　　　　參考：周婉窈，〈美與死：日本領臺末期的戰爭語言〉，《海行兮的年代：日本
　　　　殖民統治末期臺灣史論集》（臺北：允晨文化，2003年2月），頁192。
〔註8〕　謝世宗，〈悲慘世界中的喜劇視境：試論王童的臺灣三部曲〉，《清華學報》41
　　　　卷2期，頁379。

一旁忙著夾菜倒酒，深怕怠慢。平常從未飽餐過的孩子們，滿心期待客人飯後會留下的剩菜，然而卻見客人們未如闊嘴所說那般：「那個客人都是從上面夾一點點，意思意思。阿那個魚，絕對不會翻過來！」眼睜睜地看著魚肉被客人翻過邊來享用，一時心急忍不住嚎啕大哭：「阿嬤沒看好魚啦！」終於待客人離席後，輪到阿發一家人吃飯時早已盤底朝上，孩子們也僅能啃食骨頭嚐嚐味道。「魚」在這裡相對性地指出臺灣底層人民在戰爭時局下匱乏的物質生活，這些上階層的地主和日本警察大啖困苦農家的心血，其他人卻只能在門邊暗處偷望著。這些上階層者談論時局，擔憂的是戰局之下自身利益，地主老闆甚至想把土地收回變賣，然而底層的人民只能想著溫飽之事，猶如刀俎下的魚肉，任人剝削。

老闆欲將土地收回變賣、耕牛也被國家提早徵收，一連串的危機讓這家人的明日更加未知，而落在田裡的未爆彈卻意外成為解救的生機。阿發兩兄弟與警察大人決定將未爆彈繳交給鎮上的警察所長，並深切地盼望能夠靠著這塊大鐵領取獎賞。這運送的過程是整部電影最荒誕也最引人發笑的段落，一路上兩兄弟不斷地為炸彈澆水降溫，還勸警察大人將制服脫下蓋在炸彈身上。當他們來到一座吊橋上，迎面而來是一出殯隊伍，他們看到炸彈後嚇得欲往後退，警察大人看到外人則是急忙要將制服穿上，兩方在橋上進退不得亂成一團讓吊橋劇烈搖晃起來，載著炸彈的車子因承受不住搖晃而解體，三人趕緊將炸彈抱住才免去一場災難，場面既是混亂又緊張。經歷了一路風波的三人，最後不但沒領到獎品，還把警察所長嚇得掏出長槍，逼迫他們將炸彈丟擲到海裡去。

「炸彈」因具毀滅破壞力，在作為戰爭的工具時，常造成舉世生靈塗炭，因此人們對這威脅性命之物應是避之唯恐不及。但電影中的孩童們為了得到老師的獎勵，看見軍機來襲時，竟無畏地奔跑迎去，直到炸彈落下後的爆炸威力和轟然巨響，孩童們才感到恐懼，一哄而散的逃命去，甚至連大人們也呈現這種愚昧無知。阿發兩兄弟歡欣地將未爆彈迎回家中放置，並期待能因此換得一份獎賞，原具死亡威脅的炸彈在此刻又是困頓之中的希望，揭示貧困之下一種矛盾而弔詭的生存樣態。王童運用「炸彈」和「獎賞」之間作一場生死辯證，觀照出臺灣人民在日本殖民統治之下的生存困境，也藉由日本人對炸彈的驚恐，掀開戰爭殘酷的本質，進而揭示日本人在臺實施的皇民化政策之假偽。最後，阿發兩兄弟雖未能如願以未爆彈換取獎金，卻因為炸彈在海裡爆炸，而獲得了滿筐簍的魚，在物質極為貧乏的戰爭時期之下，「魚」

成了具有補償的效果，以緩和悲劇色彩的作用。導演將臺灣傳統農村的人生信仰「天公疼憨人」至此生效，並且在最後為黑暗包圍的畫面中留下一盞「希望」的微弱光火，以喜劇方式收場。

　　綜上所述，我們能夠清楚看見王童在重新詮釋殖民地歷史經驗時，透過戰爭下奮力求生的庶民，表達他一直以來的人文關懷立場。經由人物的塑造上表達一種樂天且順應自然的生活態度，以幽默的喜感氛圍包裹著悲苦的實情，留下最鮮活、最有生命力的臺灣人形象寫真圖。〔註9〕

三、殖民地記憶的重返

　　《稻草人》（1987）中悲喜交雜的影像藝術表現，如上所述，是在解嚴前夕仍受到軟性威權的政治侷限下，無法進行正面控訴，而形成一種特殊的鏡頭語言，進行這趟本土歷史反思。另外，這樣的形式也富含大眾化的效果，作為一部商業電影，市場與觀眾的預期反應，亦是導演斟酌的要項。除此之外，在這部黑色的鄉土喜劇裡，導演添入許多「希望」的元素，讓這部電影在引人發噱之餘，更將視野層次提高至對人性的關懷，不至於落入俗劇的質疑裡。不可忽略的是，這樣的元素同時也反映出當時臺灣經濟發展高度成長、社會普遍呈現一片榮景的時代氛圍，因此這部電影能獲成功與熱烈迴響，亦是巧妙地結合了當時民眾的社會心理。

　　不過當導演透過這樣的美學手法，重新建構殖民地歷史經驗與記憶時，在詮釋的過程中又透顯什麼樣的歷史問題？因此，以下筆者將更進一步探究《稻草人》（1987）中揭露與凝視的歷史事件、庶民觀點、集體記憶具有哪些時代意義。

　　林初梅在探討「日本」記憶的流轉時，藉由《梅花》、《稻草人》、《多桑》及《海角七號》（2008）四部電影的討論，試圖勾勒出臺灣電影在詮釋「日本」記憶時的時代軌跡與變化。當中她對《稻草人》的評論如下：

> 1980年代的臺灣，經過種種的社會變革，不再只是一味的排日，歷
> 史學者楊碧川曾經於1983年發表「臺灣現代化的奠基者──後藤新
> 平」一文，這個有別於過往抗日的史觀，開啟了臺灣史研究對日本
> 統治時期重新評價的扉頁。1987年出品的《稻草人》是屬於這個時

〔註9〕藍祖蔚，《王童七日談：導演與影評人的對談手記》（臺北：典藏藝術家庭，2010年12月），頁104。

代的產物，殖民地記憶的描述進入寫實，電影中的「日本」詮釋邁入了另一個階段。〔註10〕

林初梅在〈「日本」記憶的流轉：《梅花》、《稻草人》、《多桑》與《海角七號》反映的時代軌跡〉一文中指出，殖民地記憶藉由電影不斷再現，回顧70年代的全民抗日電影《梅花》，其內容是將臺灣殖民地經驗，扭轉成中國抗日經驗的史觀敘述，這部電影再現的殖民地記憶，實際上與史實的狀況有極大出入，例如當時臺灣一般民眾是不闇北京話的，也不可能在課堂上公開對學子宣揚「抗日愛國（中國）」的理念。因此，論者以為若是70年代《梅花》失憶的象徵，那麼80年代的《稻草人》就是日本記憶重新建構的指標。〔註11〕關於論者在探討《梅花》時所指出的失憶說法，我們可以回到解嚴前的政治背景來理解。

臺灣電影產業的結構，自日治時期起便與國家體制的強力介入有關。1945年，臺灣脫離日本殖民統治為國民政府所接收，在威權體制下，國家機器所挾的意識型態與電影檢查法令，主導臺灣電影製片的方向。1950年代以來，國民政府為了正統化對臺的統治權，透過文化宣傳機制與教育，建構中華文化的意識形態，將臺灣納入中國文化認同體系之內。因此，臺灣人民在日本帝國殖民統治下的歷史經驗與文化，被視為必須徹底去除的奴化烙印，而去殖民的方式就是重新栽植反共抗日的經驗論述，以及中國文化的基本國族論述。〔註12〕而作為有效的文化宣傳利器之一的電影，在由上而下文藝統制的威權體制裡又扮演什麼樣的角色？特別是在戰後政府大刀闊斧清除臺灣人民受到日本殖民所遺留下的文化思想，嚴禁日本所有文化事物出現，此時臺灣電影中的日本影像又會是以什麼樣的姿態出現在螢幕上？徐叡美在《製作「友達」：戰後臺灣電影中的日本（1950s～1960s）》一書裡，對戰後50～60年間，臺灣電影中再現的日本影像，與國民政府時期對日本的論述兩者間關係，提出如下的觀察：

> 戰後電影對日本的論述，以去殖民與中國化為目的，試圖透過電影
> 進行對臺灣人民的國族教育，這類殖民歷史電影，講述臺灣人民的

〔註10〕 林初梅，〈「日本」記憶的流轉：《梅花》、《稻草人》、《多桑》與《海角七號》反映的時代軌跡〉，《海翁臺語文教學刊》8期（2010年6月），頁18。
〔註11〕 同上註，頁22。
〔註12〕 參考：鄭玩香，〈戰後台灣電影管理體系之研究（1950～1970）〉（桃園：中央大學歷史所碩士論文，2001年7月）

　　殖民經驗，批判了日本帝國主義的殖民統治，同時也推動國族認同
　　與中華文化正統。電影中反殖民、反軍閥壓迫的論述，與戰後政府
　　對日本的論述相符合，事實上，政府對這類描述殖民歷史或抗日愛
　　國影片，認為可以建構國族，又可以對比反映出戰後臺灣社會的進
　　步，具有教育意義。〔註13〕

徐叡美進一步指出，在「去日本化」的政策下，「戰後電影中建構的日本論述，
將『反殖民』與『中國國族』兩者結合，這兩種不同的論述，透過主題正確
的要求結合，合理化其國族建構，透過電影傳達此一日本論述，形成一種潛
移默化的國族建構。」〔註14〕透過徐叡美的研究討論，我們可以知道，臺灣
電影在當時被政府作為文化宣傳的有效利器，在「中國化」的文化政策之下，
臺灣人民無法以本土的歷史脈絡，去清理日治時期被殖民的經驗，喪失自我
敘述的權利。也因為如此，限於當年的歷史條件，臺灣電影無法出現日治時
期的歌曲、服飾、語言等相關日本文化的事物，因為這些都是被國民政府視
為日本「文化遺毒」，對愛國意識是有所妨害而禁止呈現。因此，當時若要採
用臺灣殖民地經驗作為電影題材，通常都要將臺灣人民抗日歷史與中國抗日
經驗結合，以傳達反殖民壓迫並發揚國族意識。

　　日治時代的歷史記憶在戰後備受壓抑，一直要到 1970 年代鄉土文學興起
之後，這個禁錮的枷鎖才逐漸鬆動。邱貴芬在討論臺灣新歷史想像時認為：

　　日治時代記憶在戰後臺灣文學與文化論述當中相當受到壓抑，一直
　　要到一九七○年代鄉土文學興起之時，日治殖民記憶才又重新出
　　土。但是，日本殖民記憶的呈現通常頗為負面，除了殖民壓迫之外，
　　另一個關鍵原因為臺灣本土作家和文化論述者必須透過否定「日本」
　　來證明自己的「中國性」。〔註15〕

從上述引文的討論，我們可以再次了解，解嚴前相關日本記憶的文化論述，
始終得在政治正確的大中國意識形態之下去談論。然而在解嚴前夕，王童卻
嘗試從臺灣土地、庶民觀點重新理解這段在戰後被建構成奴化論述的歷史經

〔註13〕徐叡美，《製作「友達」：戰後臺灣電影中的日本（1950s～1960s）》（新北：稻
　　　　鄉，2012 年 8 月），頁 113。
〔註14〕同上註，頁 116。
〔註15〕邱貴芬，〈日本記憶與臺灣新歷史想像：以紀錄片《跳舞時代》為例〉，《東亞
　　　　現代中文文學國際學報》2 期（香港：明報，2006 年 2 月），頁 80。

驗。在電影的歷史敘事中，王童刻意將日本文化與臺灣本土文化相互參照，強調兩者之間的差異性，以突顯在日本帝國統治下，一個作為殖民地的臺灣，被壓迫、被剝削的文化主體。儘管這樣的反戰內涵仍不脫自 50 年代以來集體記憶架構中的抗日敘事類型電影，以批判日本帝國的殖民主義為主軸。但該片的歷史意識已經跳脫國族大敘事，突破原先僵溺的抗日論述。他透過日本軍歌、日本童謠、日本語言、日本體制等等，在影像中重建了臺灣殖民地生活的歷史氛圍。除此之外，我們也可以從電影中的視覺觀點上，看見王童試圖建構的歷史景觀。

《稻草人》（1987）的畫面大多採用中遠景的鏡頭，甚至還有慢鏡頭的出現，用來強調人事物與環境間的關係，當他回憶《稻草人》（1987）的拍攝時曾自述道：「我試圖找回那個年代的記憶，所以綠色和藍色就成了重要的色彩選擇，建構了我的『天與地』的創作主題。」〔註16〕王童天與地的創作主題，便是他重現殖民地記憶重要的精神。所以，王童在陳設造景之時，空間景觀的設定亦是重返時代記憶的關鍵之一。電影中我們可以時常看見農民在稻田間耕作之景，遠方有綿延的山巒，農民居住在稻草土牆建造的房舍。導演特別關注臺灣農村的空間形態，以及庶民日常生活情景，亦是強調臺灣的土地經驗是承載歷史經驗的一個重要載體，一個回歸省視本土的概念。

本土歷史意識自覺於 1970 年代的鄉土文學運動，而後興起廣泛討論，一直到了 1987 年的解嚴前夕，《稻草人》重新喚起日治時代的記憶，提出一個重新思辯歷史的空間。在回溯臺灣本土的歷史經驗的同時，也觀照出歷史失憶症的病徵，挑戰了戰後以來威權體制下一元的中國文化論，以臺灣民眾的歷史論述解構了中國民族的歷史論述。

小結

王童以臺灣殖民地經驗為題材，運用黑色幽默，巧妙操作帶有喜劇的元素，鮮明地描摹出在日本殖民底下臺灣人民之的生命力，跳脫悲情控訴，以悲憫的關懷視角下重新理解這段歷史。《稻草人》（1987）既是悲劇又是喜劇的影像表現，好笑的人物形象、荒謬的劇情、詼諧的對白，這些都使娛樂效果更加豐富，深受觀眾喜愛，成就一部成功的商業電影。

在歷史敘事上，《稻草人》（1987）所凝視的歷史事件，其實是殖民地的

〔註16〕藍祖蔚，《王童七日談：導演與影評人的對談手記》，頁 126。

戰爭經驗，這是迥異於中國論述中的八年抗日的戰爭經驗。特別是戰後黨國機器政策性的對臺人民去殖民，嚴禁日本化的文化記憶以任何形式出現在公共場域之中，這段被迫消音的歷史記憶，在這部影片中重新被喚起，並且翻轉了歷史言說的權力，在解嚴前夕提供一個重新思辨殖民地經驗與歷史記憶，和與過去集體記憶相互辯證的交流場所。

第二節　戰後初期從民族到省籍的認同敘事：
　　　　《悲情城市》（1989）

前言

　　1989 年上映的《悲情城市》為首部跨越國府政治禁區，探觸二二八創傷記憶的大眾電影。電影內容以庶民記憶為敘述觀點，藉由林氏家族的創傷經驗，映照出臺灣在戰後初期複雜的特殊歷史情境，進一步捕捉處於大時代變遷下的人民面對歷史困境時，所呈現出的生命光影。

　　透過《悲情城市》（1989）浮出地表的歷史創傷與文化記憶，成功地召喚出過去遭受國民政府壓抑的大眾集體記憶，其中以電影裡出現的「二二八事件」最受矚目。不僅挑動了政治的敏感神經，甚而引發一連串的社會效應，使《悲情城市》（1989）對於解嚴後在歷史記憶的重建，具有重要的指標意義。值得注意的是，雖然電影中關於「二二八事件」的歷史題材具有開創性意義，然而回到電影文本裡去細究，會發現該事件是以隱晦的鏡頭語言、破碎的影像敘事來呈現，事件發生的歷史現場並沒有出現在電影之中；相較之下，一直被嚴禁出現在臺灣電影中，關於日本殖民時期的文化記憶，在本片裡卻有突破性的展現，以一種浪漫、懷舊、且理想化的正面敘述呈現，顛覆了以往政治正確的抗日論述基調。這不免也引起一些質疑：是否過於美化臺灣人對日本統治的回顧？因此，《悲情城市》（1989）作為一部具有抗爭意識的電影，我們該如何解讀電影中所呈現的歷史意識？特別是電影如何表現對二二八歷史創傷、殖民統治的歷史經驗？

　　由於本片相關討論甚多，本文首先將以電影引發的一些具體事件為重點，重新檢視《悲情城市》（1989）在當時引發的社會效應，探討《悲情城市》（1989）電影背後所反映的大眾心理現象。其次，討論在向難窺見「二二八」衝突事件的歷史全貌時，侯孝賢是如何重塑日本殖民統治的歷史經驗，重新

建構臺灣人的身份認同，挑戰官方單一歷史文化論述霸權。最後，透過重塑日本殖民統治的歷史經驗，其呈現的日本文化記憶想像，又顯現出《悲情城市》（1989）什麼樣的歷史意識？

一、禁忌的解放：突破政策界線

　　1987 年國民政府宣佈解除戒嚴，臺灣掙脫長達 38 年的政治禁錮，逐步朝向民主化進程蛻變。解嚴後伴隨一連串的政策解禁，社會氛圍及民眾觀念日益開放，也促使臺灣社會內部的文化力量以各種形式迸發而出，正是在這樣政治轉型的關鍵時刻，促使導演侯孝賢決意籌拍《悲情城市》（1989）〔註17〕。

　　電影從籌拍到上映，距今已二十多年，對於《悲情城市》（1989）的討論從未歇止。作為一部極具臺灣代表性的電影作品，這部電影究竟如何有效地在大眾間打開集體記憶的窗口，使「二二八」事件在當時的社會獲得論述空間？筆者將重新回顧當年《悲情城市》（1989）在拍攝、宣傳、上映過程引發的一些具體事件，分析這部電影如何在仍屬保守的電影體制之下突破限制，以及當時大眾的反應為何。

　　《悲情城市》（1989）甫開拍便受到各界高度關注。除了因為電影題材具敏感性和話題性受到國內報章媒體競相報導之外，國外知名電影評論人與雜誌更是紛紛湧進片場訪問並撰文介紹，導演侯孝賢甚至受到馬可・穆勒（Marco Müller）邀約參加威尼斯國際影展。這部電影之所以能夠在拍攝階段就獲得國外媒體重視，主要有兩大因素，一是侯孝賢在國際影展上已建立起的知名度〔註18〕，其二是海外宣傳企劃的奏效。

　　當時電影製片人邱復生在為《悲情城市》（1989）定位時，便希望藉由參與國際三大影展，將臺灣電影推至國際舞臺上，同時拓展國際市場。〔註19〕為此，他特別聘請香港知名影評人舒淇，在電影拍攝期間積極地進行海外宣傳事項的統籌。在宣傳部分，無論在國內或國際上，皆著重在突顯「二二八」

〔註17〕 張靚蓓，〈透過鏡頭，穿越眼前的真實〉，《凝望・時代：穿越悲情城市二十年》（臺北：田園城市，2011 年 7 月），頁 58。

〔註18〕 《悲情城市》並非是侯孝賢第一部在國外獲獎的電影。在這之前，他的電影常在歐洲小型影展，或是重要的電影節得獎，例如《風櫃來的人》、《冬冬的假期》，亦在國外發行。張靚蓓，〈文化／歷史的轉譯時刻〉，《凝望・時代：穿越悲情城市二十年》，頁 279～280。

〔註19〕 參考：張靚蓓，《凝望・時代：穿越悲情城市二十年》，頁 111～112。

歷史事件裡關於威權體制對人民的迫害。1989 年 6 月拍攝期間，中國發生「六四」事件，中國政府以軍事鎮壓抗議群眾，造成嚴重死傷，舉世譁然。《悲情城市》（1989）在宣傳上也與六四天安門事件相連結，吸引國際影壇的關注。海外宣傳刊物的部分則是出現「那時候臺灣政府屠殺他的同胞超過一萬人」等敏感字句，希望能夠吸引對政治題材有興趣的國際影人注意。這批文宣引起臺灣新聞局的高度關切，引發「國家形象」的爭議。〔註 20〕製片人邱復生立即將相關刊物回收並重新修改，並且對外強調該電影並非完全以二二八事件為訴求，更無意強化其中的衝突性，希望觀眾能以寬容的態度來看待。〔註 21〕類似這樣的矛盾也在後續的電影檢查過程中，引發「二階段審查風波」。

　　關於「二階段審查風波」的起因，是《悲情城市》（1989）在日本完成後製時，已接近威尼斯影展的參展規定之時限，礙於時間緊迫，電影公司直接將影片寄往國外，違反了當時在參加國際影展影片前，須先送新聞局電影處核驗的法定程序。不過因為《悲情城市》（1989）是首部參加國際影展呼聲最高的臺灣電影，新聞局破例准許這樣的作業「瑕疵」，僅要求片商另寄一支拷貝，交給電影處備查即可。〔註 22〕

　　就在電影即將送檢之時，報章輿論不斷揣測官方態度，部份媒體和影評人更執筆呼籲政府應該讓影片完整上映。〔註 23〕經過官方與民間人士兩輪審查，官方認定全片無須修剪，這個結果被認為是政府開放的表現。但是，隨即卻被披露原先送審的影片並非完整版本，邱復生本人事後承認當初為求順利通過電檢，在未通知導演之下，擅自剪去軍隊捉捕知識份子的畫面。消息一出，引起大眾輿論批評，導演侯孝賢認為此舉對於作品完整性並不尊重，在與片商協議之後，決定將完整影片重新送審，又經過兩輪檢查〔註 24〕，《悲情城市》（1989）終於在眾所期盼之下安然通過電檢，一連串的風波暫時停歇，直至《悲情城市》（1989）在威尼斯影展奪下最高榮譽金獅獎項。

〔註 20〕　〈電影宣傳著重「二二八」 年代公司緊急撤換悲情城市海外宣材引起震撼〉，《民生報》，1989 年 8 月 30 日，第 10 版。

〔註 21〕　〈悲情城市影展宣傳重點　片商修改政治敏感字句〉，《聯合報》，1989 年 8 月 30 日，第 12 版。

〔註 22〕　〈悲情城市參加威尼斯影展違規新聞局通融彈性處理〉，《聯合報》，1989 年 8 月 8 日，第 26 版。

〔註 23〕　〈「悲情城市」點到「二二八」情結　明入關送檢　結果備受矚目〉，《民生報》，1989 年 9 月 5 日，第 10 版。

〔註 24〕　參考：張靚蓓，《凝望・時代：穿越悲情城市二十年》，頁 135～141。

　　由上述連串的事件，可以知道《悲情城市》（1989）從開拍到上映前，因為涉及政治議題而備受大眾矚目，這個部分從片商擬定的宣傳標語「今年最熱門的話題，最受爭議的電影」中，也可見其電影引發的社會效應。二二八在電影宣傳上被塑造成是個還未被說過的故事，是個禁忌的題材，而《悲情城市》（1989）是有勇氣說這個故事的先趨者，觀眾是在等著「填補」記憶的一群人。〔註 25〕總而言之，不論是電影題材上的突破，拍攝期遇到的國際事件，或是先參展再上映的策略，都成為突破當時現行電影體制的實踐力量，造成這部電影與官方體制之間的緊張關係，無形中增添了電影的話題性與宣傳材料。從大眾的心理層面而言，長期受到威權體制壓抑，《悲情城市》（1989）的開拍似乎成為他們宣洩的管道，同時使他們更加關注官方的態度與動向。特別是當時臺灣已處於解嚴狀態，但是從片商的自我審查行為來看，暴露出其自我檢閱慣性，以及歷史的創傷、族群間的不信任和對國家體制的不安意識，仍普遍存在大眾之間。

　　郭亮吟導演回憶當年的觀影經驗，一家人在前往戲院時內心極為忐忑：

> 《悲情城市》首映當晚，家人決定一起到戲院裡去看這部電影。我們選擇走路去臺北橋頭的朝代戲院，避開了大馬路，穿過巷子，低調謹慎。來到電影院前，意外地擠滿了人潮，家人交換著眼神：「大家攏來看了，應當是沒代誌吧？」〔註 26〕

另外，前國家電影資料館館長李天礑，也與《悲情城市》（1989）有過一段擦身而過的因緣，他說：

> 對我個人來說，回顧《悲情城市》，還有一絲絲的遺憾，因為當年拍攝時，製片張華坤兄曾經邀我客串經常群聚議論時事，後來被槍斃的書生之一，當時因為膽小不敢答應，而錯失了在電影中千古留影的機會。〔註 27〕

〔註 25〕蔡佩娟，〈《悲情城市》的論述建構 市場行銷、類型與歷史敘事〉（新北：輔仁大學大傳所碩士論文，1993 年），頁 32。

〔註 26〕王玉燕，〈2009 年「在昏暗裡，燈突然亮了：臺灣的政治覺醒」座談會紀錄〉，《放映週報》197 期（來源：http://www.funscreen.com.tw/head.asp?H_No=234&period=197，2009 年 3 月 5 日）。

〔註 27〕同上註。

從上述的個人記憶中，我們可以發現國家暴力的箝制已造成嚴重的集體創傷，「自我審查」的行為便是一種創傷症候的顯現，即便社會已解嚴開放，文化團體和一般大眾仍會不經意地自我檢查其政治正確性。

總而言之，從《悲情城市》（1989）宣傳過程所引起的政治性風波、與電影檢查制度之間的緊張關係、大眾反映的心理欲求，皆促進社會大眾對這部電影的討論，因此有助於突破報章媒體的侷限，也造就電影檢查尺度的逐漸開放。二二八事件首次影像化顯現出這部電影本身具有的雙重面向，它不僅撕開二二八禁忌封條，同時也反映出，社會大眾希冀透過這部電影而獲得政治禁錮的釋放。

二、側寫二二八：新文化現象的引發

侯孝賢在談及《悲情城市》（1989）時，曾表明過他的拍片動機：「拍片純粹是表達我對政府、統治階級的反感，我一直如此。〔註 28〕」他多次提及對統治政體的反對，以及陳映真文學予以他思想上的影響：

> 我受陳映真小說的影響很大，早就想拍「山路」、「鈴鐺花」，但他勸
> 我不要，政治仍然敏感，一拍，可能就會被抓去關。後來一解嚴，
> 我馬上開始準備要拍個以二二八為背景的故事，呈現日據後、光復
> 的臺灣，面對權力交替、利益重新分配，產生了什麼變化，用一個
> 臺灣家族成員不同際遇的故事來表現。這就是「悲情城市」。〔註 29〕

臺灣電影長期受黨國機器所箝，直至戒嚴解除政治力量鬆綁，電影討論政治議題才逐漸成為可能。〔註 30〕早期侯孝賢曾閱讀政治小說，促發他對相關歷史的興趣，遂以「二二八事件」為題材，重新書寫歷史記憶。無論是侯孝賢

〔註 28〕 梁玉芳、何振忠專訪，〈侯孝賢：當年拍悲情城市想打開窗口〉，《聯合報》（來源：http://www.civictaipei.org/activity/doc/128.pdf，2005 年 2 月 26 日）。

〔註 29〕 同上註。另外，侯孝賢在張靚蓓〈透過鏡頭，穿越眼前的真實〉一文中也曾提到：「我為什麼會想拍這個題材？我也不知道。因為我是這樣的人，我就是不喜歡權威，可能是看了陳映真的小說受到影響，但是這個其實也很難說。因為我高中一畢業就把黨證也撕掉了，我們高中時都要加入國民黨，像我這種學生壓根不想加入，但是教官會在那邊跟你盧，後來雖然參加了，但是一畢業，我就把黨證撕掉、燒掉了。」參考：張靚蓓，〈透過鏡頭，穿越眼前的真實〉，《凝望·時代：穿越悲情城市二十年》，頁 59。

〔註 30〕 參考：白睿文，〈侯孝賢與朱天文〉，《光影言語：當代華語片導演訪談錄》（臺北：麥田，2007 年 7 月），頁 223。

尋回記憶的書寫欲望，或是如前文所述緣起電影激發而起的社會效應等現象，都反映出集體「記憶」與「遺忘」的記憶政治問題。《悲情城市》（1989）重新召喚被黨國體制廓清的歷史記憶，引發大眾繁囂的情狀，則是抵抗遺忘的表現。

電影上映之後卻出現極大爭議，其論爭焦點主要環繞在影片是否忠實反映二二八。主因在於《悲情城市》（1989）並非著墨在正面書寫二二八歷史眞相，以及其歷史現場的再現，反倒是化成故事背景，以劇情鋪排的支線推演劇情發展。另一方面又因爲侯孝賢擅用長鏡頭影像語言、省略式剪接法等，這些美學形式造就「疏離」觀感，導致整體影像敘事顯得鬆散破碎。批評者認爲《悲情城市》（1989）在宣傳策略上致力傳遞「二二八」的抵抗訊息，但是實際上的劇情內容呈現卻大相逕庭。他們認爲電影的歷史詮釋充滿曖昧偏頗的觀點，不僅削弱對黨國威權體制及其國家機器暴力的批判力道，甚至質疑這是一部企圖消解歷史並且與官方論述共謀的電影。面對如此強烈的批判聲浪，陳儒修認爲當時的人們非常認眞看待電影的「政治正確性」，是期望能在影片中找到歷史眞相，藉此平反二二八事件的冤屈。〔註31〕

值得注意的是，當大眾試圖檢閱電影文本中的政治意圖及意識形態的同時，背後浮現的其實是關於「電影與歷史」這一個龐雜的問題體系。1990 年《電影欣賞》期刊有鑑於此，特別企劃「電影／歷史／人民記憶」的專題，內文透過 1947 年傅柯與《電影筆記》編輯的訪問論談，援引傅柯「人民記憶」的鬥爭概念以建立一套問題框架，試圖回應《悲情城市》（1989）引發論爭背後，有關臺灣電影批評理論與方法匱乏的問題。〔註32〕當時對《悲情城市》（1989）持批判態度的社論性文章，大多收錄在 1991 年梁新華主編的《新電影之死》，該書即是承續上述期刊思想，旁徵博引傅科和馬克思理論中強調對抗的部份。〔註33〕這些批判論點也引起對《悲情城市》（1989）持認同態度的評論者撰文辯駁，大多側重從影像美學的視角進行詳盡入微的文本分析，揭

〔註31〕陳儒修，〈二十年後重看《悲情城市》：聲音、影像、時間、空間〉，《凝望．時代：穿越悲情城市二十年》，頁 357。

〔註32〕李尚仁、林寶元，〈電影／歷史／人民記憶：序言〉，《電影欣賞》44 期，頁 3～27。

〔註33〕謝世宗，〈後現代、歷史電影與眞實性：重探侯孝賢的《好男好女》〉，《中外文學》38 卷 4 期（2009 年 12 月），頁 220。另外可參考梁新華，〈序言：邁向後一新電影的電影批評〉，《新電影之死：從《一切爲明天》到《悲情城市》》（臺北：唐山，1991 年 5 月），頁 xi。

露電影機制虛構的想像符徵與指涉。原先遭疑含混不明、矛盾的影像表述，反被轉譯爲一種具有解構黨國歷史的有效書寫策略，並肯定文本的多重敘事觀照出臺灣歷史文化多音交響的現實。〔註34〕

　　透過重新整理《悲情城市》（1989）引發的文化政治現象，其歷史觀點並無法滿足社會大眾對於「歷史眞相」強大欲望的心理需求。除了顯現被國民政府刻意遺忘的的記憶，在解嚴後急於被尋回，同時也反映《悲情城市》（1989）成功地以電影媒介喚醒社會大眾的集體記憶，並且提供一個論述競逐的場域。另一方面，也彰顯「二二八」在解嚴前後的歷史社會語境裡，具抗爭意義的象徵符號。因此《悲情城市》（1989）無論從拍攝動機、電影產製過程、以及映後的論述建構來看，作品內在成型原因以及與外在社會相互形塑的結果，在重新詮釋歷史過程中俱展現人民記憶的鬥爭性格。換句話說，《悲情城市》（1989）的文化實踐主要是以官民二元視角的下展開抵抗。

　　《悲情城市》（1989）述說的是臺灣 1945 至 1949 年間，一戶基隆林氏家族在歷史更迭下的興衰起落。片頭一開始以林家長子文雄的二房在日本戰敗之際誕下一子，取名林光明，象徵臺灣脫離日本殖民統治後宛若新生。林家的「小上海」酒家也風光開幕，「光復」後的一切如沐在欣喜的氛圍當中。老二文森原是醫生，戰爭時期被日本徵召到呂宋島之後就音訊全無；老三文良則是被徵召至上海爲日人當翻譯，回臺後因精神創傷嚴重住院療養。老四文清自小失聰，在九份經營一家相館，常與好友寬榮及其知識份子友人相聚談論臺灣政治。病癒後的文良先後捲入假鈔事件以及與「上海人」走私的利益糾紛，遭到上海人報復誣陷爲「漢奸」被捕入獄，因不堪被軍警刑求，精神再度失序。後來臺北因查緝私菸不當，擴大演變成省籍衝突，文清和寬榮歷經一連串的政治迫害後心境由此轉變，出獄後的他向寬榮表明心跡願能追隨其理想，卻被勸回與寬美結婚。某日林文雄遇上昔日仇家，上海人與金川正處一室密談，雙方因舊恨相互械鬥，文雄被「上海人」開槍射殺身亡。而寬榮在山上的藏匿處所也被軍警圍剿，文清隨後遭到逮捕下落不明。

〔註34〕對《悲情城市》持認同態度的評論文章最後被集結在《戲戀人生：侯孝賢電影研究》一書中。林文淇、沈曉茵、李振亞，《戲戀人生：侯孝賢電影研究》（臺北：麥田，2000 年 1 月）。參考：謝世宗，〈後現代、歷史電影與眞實性：重探侯孝賢的《好男好女》〉，《中外文學》38 卷 4 期，頁 216～222。

綜上所述,《悲情城市》(1989)描寫的是臺灣脫離日本殖民統治轉由國民政府接收,過渡兩個政權體制的歷史轉變時期。劇情內容主要由兩條敘事軸線展開:一條以林文雄為主,試圖呈現臺灣「光復」之後,地方派系的權力結構、經濟利益,如何重新轉移與配置;另一條則是以林文清為主,描述臺灣知識份子的政治行動,後來都遭致黨國機器的暴力剷除。「上海人」又與國民政府相互指涉,同為擁有「槍支」對臺灣島民產生極大的威脅。最受關注的「二二八事件」在電影中則是以側寫方式再現,透過陳儀廣播聲,穿插寬美的日記、文清與寬榮遭遇到的暴力傷害,這些零碎的音畫拼湊出事件的輪廓。官方代表陳儀的廣播聲揭示事件的發生:「臺灣同胞,臺北市前一天晚上,二十七日夜裡,因查緝私菸誤傷了人命,這件事我已經處置了。……」寬美的日記裡則是憂心地說:「臺灣人和外省人相殺,臺北宣布戒嚴,……大家都怕,一個戰爭才剛結束,另一個戰爭怎麼會接替就來。」接著以兩個跳接鏡頭,一個是夜半窗外傳來街上不尋常的吵雜聲,寬美開窗探看;另一個是醫院前群起追打的風波,用來補述寬美所言的省籍衝突。《悲情城市》(1989)有一段經典畫面,文清被人以日語詢問是哪裡人時,暗啞的他極度勉強地用臺語迸出「我是臺灣人」,卻因發音腔調怪異,被誤認為外省籍的「阿山」險遭攻擊。面對民間衝突不斷,陳儀在廣播裡提出從寬政策,並且設立處理委員會,廣納各界人民代表,一起善後這次事件。然而,隔日陳儀在廣播裡態度丕變,解釋宣布戒嚴是為了對付少數的亂黨叛徒。透過這三次的廣播內容,官方態度從誤傷事件、施行從寬政策、轉變成將事件導向政治叛亂的態度。最後官方毀諾,寬榮重傷逃逸至文清住處道出臺北狀況:「林老師失蹤,處理委員會的人都被抓走,陳儀調兵,一路抓一路殺。」室內燈光極度幽暗,三人共同分享一個畫面,表現其後變調的共同命運。唯一光源來自畫面右側,打在文清的側臉上,暗指原在事件邊緣的暗啞者,也即將捲入歷史洪流。

之後電影鏡頭從遠方俯視,三人從彎曲的山路走下,文清與寬美、寬榮相互道別,此畫面正好與寬美的出場呼應。當時寬美初到金瓜石工作,鏡頭一樣從遠方高處俯視並且從右往左移動,視覺感受如同跟隨著寬美上山。畫面裡寬美坐在竹椅上望著金瓜石的秋芒,畫外音以她的日記表現其心境:

> 昭和二十年十一月初八。好天,有雲。
>
> 帶著父親寫的介紹信,上山來金瓜石的礦工醫院做事,哥哥教書沒

空，叫他的好朋友文清來接我。山上已經有秋天的涼意，沿路風景
很好。想到日後能夠每天看到這麼美的景色，心裡有一種幸福的感
覺。

這裡的「幸福感」指涉當時戰爭結束後臺灣人民的喜悅，然而，再下山時卻
是因爲「另一個戰爭」。「下山」是電影裡臺灣知識份子的政治理想，以及心
境轉折的重要意象，而後展開的是一連串的逃亡生活。

三、戰爭與友情：日治記憶的多重並置

　　受過日本殖民統治的臺灣人民與中國來臺的國民政府之間，存在文化差
異的問題，是形成戰後臺灣社會內在政治張力的主要原因。欲理解《悲情城
市》（1989）裡的「二二八事件」，就不能忽略流動於電影中多樣的文化記憶
與符號。以下筆者將探析《悲情城市》（1989）如何透過這些流動的殖民經驗
與歷史記憶，重塑臺灣人的文化身份。

　　1945 年二次大戰結束，臺灣脫離日本殖民統治，自此進入國府時期。臺
灣人身份認同的矛盾，電影首先以戰爭遺緒提點出來。電影一幕，文清用紙
筆爲寬美介紹牆上照片的來歷：

二哥三哥出征前的

寫眞留念。

至今未返

上海來的消息有人見過三哥

二哥在呂宋島

無音訊

戰爭結束固然讓人欣喜，卻仍有親人尙未歸鄉，而相片寫眞正好別於文字書
寫，留存過往的歷史臉孔。文良雖然倖存下來，但在返臺後因爲精神創傷住
進醫院療養，他不能言語，意識恍惚認不得親人，瘋病發作時還會攻擊至親。
文森則是在南洋下落不明、生死未卜，他的妻子只能抱著希望，日日將文森
的診所打掃乾淨，待他返家。這些「瘋狂」、「失序」、「無語」的符碼，都指
涉了臺灣人民的殖民創傷經驗。

　　導演透過下一個畫面延續這個問題的辯證。文清、寬榮及其朋友們，一
行人聚在酒店裡啖火鍋。由吳念眞飾演的吳仔說著「國旗」的笑話，臺灣百

姓因為不識中華民國國旗誤將它倒掛，被警告小心被國民政府槍殺；而日本國旗則被百姓改成孩子的內褲，紅太陽成了猴子屁股。接下來的對話提及戰後臺灣人對國民政府態度轉變的情況：

> 林老師：現在戰爭都結束了，臺灣現在怎麼樣？
>
> 何記者：當然是很好啦，回到祖國的懷抱。青天白日旗四處都看得見。有掛上面的、有掛下面的。得到祖國的庇蔭，不錯，很溫暖。
>
> 寬　榮：自己人說真心話。像陳儀那種土匪也被祖國重用。對國民政府我看也沒什麼好奢望的了。

這些角色被設定為老師或是記者，代表對臺籍知識份子的集體想像。從對話裡可知他們內心對戰後臺灣的政治社會秩序，已逐漸燃起不滿的情緒。接著群體與窗外傳來歌聲一同合唱起〈流亡三部曲〉：「從那個悲慘的時候，九一八、九一八，從那個悲慘的時候，脫離了我的家鄉，拋棄了無盡的寶藏，流浪……流浪……。」

　　〈流亡三部曲〉是中國大陸抗戰期間膾炙人口的愛國歌曲，歌詞中的「九一八」指的便是 1931 年九一八事變，是日本侵略中國大陸的開始，事變發生時臺灣尚屬日本的殖民地。顯然地，「九一八事變」開啟中國抗日，與林文良代表日本對外征戰是相對的戰爭記憶。換言之，九一八事件是中國抗日歷史經驗的始端，與 1895 年馬關條約簽訂，開啟殖民地歷史經驗是完全不同的，甚至曾經是敵對狀態。導演更藉由林文良病癒後與「上海佬」發生利益糾葛，被以《檢肅漢奸罪犯條例》陷害入獄，突顯臺灣人國族身份的問題。在政權更迭以後，新國族論述框架下的他們究竟是誰？如同阿雪寫給文清的信裡所疑問的：

> 四叔，三叔不知為何昨天被軍人捉走了。兵也去捉爸爸，還好爸爸跑得快，只是腳受傷。聽說有人密報三叔是漢奸，說他當兵的時候在上海，替日本人做很多陷害上海人的事。三叔若真如此，也是不得已的不是嗎？

這樣無從選擇自己命運的無奈，也可以從林文雄的一段話裡感受到：「法律他們在設的，變來變去的，本島人最可憐了，一會兒是日本人、一會兒是中國人，眾人吃、眾人騎、沒人疼。」《悲情城市》（1989）指出了臺灣人民於戰

爭之後，在新的國家體制內，身份無從歸屬的狀態。透過阿雪與文雄的感悟，可以得知在國族主義的抗日敘事框架下，他們是被斥、壓抑、甚至是被遺忘的對象。林文良在獄中飽受折磨，出獄後再度心神喪失，從此未再復元。導演透過深景鏡頭，將林文良置於電影背景裡閒晃、吃東西，經常被教育不可拿神桌上的東西來吃。林文良的精神喪失、以及弱化的心智，都暗示著他在政權過渡以後所遭遇的多重暴力。電影再現這些被銘刻在身體上的創痛，除了對國民政府的迫害提出批判，也顯現出電影《悲情城市》（1989）對歷史底層人物的關懷。

　　值得注意的是，電影裡甚少負面書寫殖民地經驗，反而大量呈現臺日的友好關係。在解嚴之前關於日治記憶，不論是黨國機器，或是 70 年代而起的本土化論述，論及日本殖民統治時期皆以「抗日」為敘述策略。特別是在解嚴前的臺灣電影，難得看到這樣親日、曖昧的記憶表現。《悲情城市》（1989）裡特別強調關於日本的美好記憶，明顯呈現出「抵抗」意味。電影透過回憶的影像穿插其中，造成敘事上的斷裂，以及觀影上的不流暢，在線性時間中造成斷裂感受，試圖打破的是黨國歷史的線性史觀。插入的畫面主要有兩段，一段是述說日本友人靜子的父親失憶，執意前往臺南找尋一位已故好友陳先生，但是遣返船隨時都會出發。接著又插入一個畫面，父女兩人在風中對峙著，不知是走還留？透露的便是遣返前的心境，一個永遠碰不著面的過世友人，一位留有美好過往記憶而失去現實的日本老人，暗喻臺日之間幽微的情感關係。

　　另一幕則是臺人與日人的交往過程。日本戰敗後，在臺日人陸續搭乘撤僑輪船回到日本。靜子來到醫院與寬美辭行，並且將在戰爭中過世的哥哥，他的遺物竹劍、以及一幅筆墨請她轉送給寬榮，而靜子則是將她的和服給寬美，希望別後不要相忘，氛圍滿盈不捨之情。接著插敘進一回憶畫面：靜子彈琴與學生合唱〈紅蜻蜓〉，其歌聲清柔婉轉，寬榮在一旁欣賞著。延續著音樂，電影畫面跳接到另一段回憶：靜子跪坐榻榻米上正在插花，寬榮磨墨、靜子的哥哥提筆寫下詩句：「我永遠記得你／儘管飛揚去吧／我隨後就來／大家都一樣。」畫面回到現時，寬美、寬榮、文清正讀著那首詩句，寬榮向寬美訴說：「日本人最欣賞櫻花那種，開到最滿最美的時候，一同離枝入土的那種情景，他們認為人生就應該是這樣。明治時代，有一個女孩跳瀑布自殺……」畫面淡出，轉由寬美的畫外聲作音橋，延續寬榮未完的故事，寬美正在書寫這個故事給文清知道。

明治時代，有一個女孩跳瀑布自殺。她不是厭世，也不是失志，是面
對這麼燦爛的青春，怕它一旦消失，不知道如何是好？不如就跟櫻花
一樣，在生命最美的時候，隨風離枝。她的遺書，給當時的年輕人，
整個都振奮起來。當時正是明治維新，充滿熱情和氣慨的時代。

畫面字卡顯示：

同運的
櫻花
儘管飛揚的去吧。
我隨後就來
大家都一樣

上述情景在電影中所展現出的情誼與故事是如此令人動容。導演運用許多日
本文化元素塑造臺灣知識份子的形象，並且建構出與殖民者的友誼關係，除
了表示臺籍知識份子的文化知識體系是承繼日本教育以外，更藉著美化日治
記憶，浪漫化臺籍知識份子。換言之，對臺灣人民而言，不管對日本殖民政
府的認同如何，其心理地圖與中國大陸抗日戰爭所製造出來的敵對性（日本
的形象）是不一樣的。〔註 35〕又因為戰爭當中的立場與經驗都是對立的，在
國府時期又以中國經驗為合法正統，排除臺灣人民的殖民地經驗，才進而造
成身份認同上的分裂。

　　綜上所述，美化日本記憶事實上是反對醜化日本記憶的敘事策略，亦即
是為了平反國民政府將臺灣人的殖民經驗視作「奴化」，並反對國家機器剝奪
臺灣人民的日本文化資本。因此，侯孝賢透過日本文化的符號，去想像這些
臺籍知識份子的理想情懷，思考臺籍知識份子與殖民母國的文化關係，進而
透過對臺籍知識份子的文化資本的肯定，解構黨國歷史論述，呈現反權威體
制的歷史意識。有意思的是，電影裡他們既崇尚祖國，又受殖民母國的文化
薰陶，而祖國又與接收臺灣的國民黨不相同，甚至唱出與殖民地經驗相異的
〈流亡三部曲〉。《悲情城市》（1989）試圖將臺灣人的身份疆界混淆，而「祖
國」也從具體化的對象，逐漸轉變為一種指涉欲脫離殖民、反對威權的理想
符碼。最後林文雄死亡、林文良精神異常、知識份子遭到獵殺、林文清被逮

〔註35〕丸川哲史著、朱惠足譯，〈與殖民地記憶／亡魂之搏鬥：臺灣的後殖民心理地
　　　　圖〉，《中外文學》31 卷 10 期（2003 年 3 月），頁 33。

捕入獄生死不明。原先片頭的風光熱鬧開幕的小上海，在結尾時只剩下殘燈閃爍，忽明忽滅，暗指臺灣人在戰後陷入的另一段政治黑暗。

小結

　　《悲情城市》（1989）回到大眾之中尋找被迫遺忘的歷史經驗，透過大眾的集體記憶重新建構戰後初期的臺灣歷史圖像。電影利用多重視點描繪戰後複雜的歷史情境，企圖探尋臺灣族群以及身份認同問題，進而理解二二八所造成省籍衝突的原因。侯孝賢並非以「二二八」事件本身做為主要敘述，觀眾需要從電影中的大眾生活經驗當中，透過聲音與影像拼湊出事件的輪廓。這樣的詮釋方式雖然避開了單面的歷史說法，但也引起不少影評者或是學者質疑導演歷史觀，這些人大多認為侯孝賢的歷史觀點和歷史意識模糊不清、含混不明，沒有批判立場。

　　從這些論述裡，我們可以發現《悲情城市》（1989）的歷史觀點在解嚴初期，無法滿足當時社會大眾對「歷史真相」強大欲望的心理需求，其一反映了在長久的威權體制裡刻意被遺忘、被封條的記憶，在解嚴後急於被找回；其二則反映出《悲情城市》（1989）成功地以大眾媒體喚回大眾社會的集體記憶，提供一個論述的場域。

　　一般在討論解嚴前臺灣電影中的日本形象，多半是結合仇日、抗日記憶，《悲情城市》（1989）裡的日本記憶卻出現截然不同的歷史敘事。電影返回臺灣經驗，挖掘與官方論述框架下的反面記憶作為敘事策略，以表達反權威體制的歷史意識。侯孝賢站在一個反抗的角度上來執行創作，這樣的歷史觀點也顯現出幾個特色：點出臺日之間的曖昧空間，並且以此做為解構官方抗日歷史論述，同時也為臺灣的文化記憶提供更多元的新歷史之想像。

第三節　大正時期的他者凝視：《無言的山丘》（1992）

前言

　　王童的《無言的山丘》〔註36〕1992 年上映，與王童另外兩部作品《稻草

〔註36〕本節所探討的電影《無言的山丘》，在 1992 年獲得第二十九屆金馬獎最佳劇情片、最佳導演、最佳原著、最佳美術設計、最佳造型設計獎，共獲六大獎項，是當時金馬獎的最大贏家。並於 1993 年第一屆上海國際電影節獲得最佳影片金爵獎。

人》（1987）、《香蕉天堂》（1989）各自描述不同時期的臺灣歷史經驗，被合稱爲「臺灣近代三部曲」。這三部影片的共同特色是以描繪小人物的宿命，見證大時代帶來的災禍變難，並且以一種荒謬、鬧劇的手法營造諷刺的悲喜劇特質。除此之外，《無言的山丘》（1992）也承繼《稻草人》（1987）的寫實美學風格，呈現臺灣礦工與社會底層大眾受迫的悲慘景況。電影描繪出殖民資本體制的礦場區內，日本財閥、資本家、勞動者等各階層的人物面貌，透過影片多線敘事的形式，由族群、階級、性別相互壓迫的關係之中，揭露殖民體制與資本主義的剝削、暴力、侵略等特質。

　　本節首先探討電影文本裡礦區山城裡的經濟體制，分析日本帝國如何對人民進行壓迫與剝削。第二部分則是討論臺灣弱勢族群中，來自琉球的雛妓、中日混血的角色紅目，關照他們在族群、認同、性別之間的多重邊緣位置。最後討論日本殖民者侵入臺灣進行經濟掠奪、對人民高壓統治時，土地與人民之於外來者，彼此間形成什麼樣的影響？

一、殖民資本主義的經濟體制

　　《無言的山丘》（1992）以日本大正年間的臺灣九份、金瓜石一帶的礦場爲背景。在臺灣成爲日本帝國殖民地的隔年 1896 年 9 月，臺灣總督府隨即頒布實施「臺灣鑛業規則」，以通到雞籠山頂的正南北線爲界，將礦區劃分爲東西兩個礦區，開放申請開採，再從申請人當中篩選出最適合的經營者。不過「臺灣鑛業規則」中卻明文規定，經營者須爲日本國民方能成爲礦業公司或礦業團體之董監事及其股東。1986 年 10 月，日人藤田傳三郎所屬的藤田組取得西區瑞芳礦山礦權，東區的金瓜石礦山礦權則由田中長兵衛的田中組取得。〔註 37〕電影裡日本礦長首次登場時，同時入鏡的還有一旁標記「藤」字的圍牆，而此「藤」字即日治時期首位九份礦權人藤田傳三郎，所屬的日本藤田組〔註 38〕，是爲當時的日本財閥〔註 39〕之一。

〔註37〕　參考：臺灣鑛業史編纂委員會，《臺灣鑛業史》上冊（臺北：臺灣省鑛業研究會、臺灣區煤礦業同業公會，1966 年 12 月），頁 164～165。張藝曦，〈日治時期金瓜石礦山史研究（明治大正年間）〉九十六年度黃金博物館歷史研究案結案報告，2008 年 5 月。蕭景文，《黃金之島：福爾摩沙追金紀》（臺北：玉山，2006 年 6 月），頁 51～57。

〔註38〕　藤田組和田中組是日本侵臺日軍的「御用商人」。田中長兵衛是江戶的五金商，同時經營釜石礦山；而藤田傳三郎曾參與日本倒幕及明治維新的政事，

　　電影裡的日本礦長同時具有殖民者以及資本家的多重身份。當他初到礦區事務所，即以一身整齊的西裝皮鞋，配戴眼鏡的高貴儒雅形象出場，身後帶著一群相同西裝裝扮的日人隨從，更顯其非凡地位。事務所內辦公人員見其到來，無不畢恭畢敬起身迎接，礦長親切地與所內職員、應徵者們打招呼，打破了眾人謹慎態度所帶來的緊張氣氛。但當他進入辦公處時，一個用手指檢查桌上是否有灰塵的小動作，突顯其人仔細、不苟且的特殊形象。第二次出場時，鏡頭則是隨著古典樂的悠揚，從房內開始環繞，映入畫面依序是書櫃上的書籍、牆上的照片，到屋外的庭院，礦長手拿西式磁杯，閉眼沉醉地投入在古典音樂之中，鏡頭繼續環視木桌上攤開的書籍、照片，以及唱片撥放器的留聲機。之後，礦長關掉音樂，整理頭髮和身上的西裝，準時在礦場敲八點開工鐘後前往辦公室。導演以鏡頭語言將日人礦長屋內、屋外環繞一遍，運用書籍、古典樂、留聲機、照片、房屋等具有資本符號的物件，以及他一絲不苟的整齊裝束與姿態，呈現出日人礦長的現代化與資本階層身份屬性。

　　然而，新礦長原先的儒雅形象卻在一場衝突中出現巨大反差。妓院老鴇領養的中日混血兒紅目，在礦場辦公事務所前，向前來應徵的人群兜售他自製的情色玩具，引起礦辦人員的不滿而遭喝止。礦長微笑地來到紅目面前並且拿起他手上的玩具把玩了一下，隨即垮下臉孔，連續對紅目摑掌並且給予一記重摔，紅目吃力地從地上坐起，嘴角滲著鮮血，神情痛苦。礦長抬起他穿著黑亮皮鞋的右腳，使力地將玩具踩毀。接著，不忘整理身上的西裝而後從容上樓，在他站在階梯最上層時，又回頭往下給予一眼冷峻的怒視。圍觀的民眾都被這突如其來的畫面給震懾住，熱鬧的市街都瞬間安靜下來。整個

在日本也經營金、銅礦山。《臺灣礦業規則》頒布之初，明文規定只限於日本國民方能經營礦業，因此殖民地的臺灣人是無權參與礦區經營的。參考：蕭景文，《黃金之島：福爾摩沙追金紀》，頁 51～57。

〔註39〕日本在第一次世界大戰到滿州事變期間，國家積極投入工業化的轉型，使得日本國民經濟基礎不斷提升，企業組織相繼成立。這些財閥之間也有等級之分，之後更是出現以「金融資本」為中心的財閥。在日本財閥發展期間有一項共同的特徵，即與礦山相關的事業佔有很重要的部份，這是由於經營礦山能獲得高利潤，以及涉及到礦山土地所有權的利益。因此，與礦山有關的各個事業便成為財閥發展期中的重要部份。參考：張藝曦，〈日治時期金瓜石礦山史研究（明治大正年間）〉九十六年度黃金博物館歷史研究案結案報告，2008年 5 月，頁 32～35。

鏡頭僅承載著動作、情緒變化與眼神，沒有隻字片語和聲響，如此凝結的氛圍襯托出日本礦長的威權性。經過這場衝突，日本礦長的反差形象，透露在殖民地資本主義背後，隱含殖民性的危險特質，電影情節也由此揭開，殖民資本主義是如何宰制整座山城。

　　日人礦長接管礦區不久後，即頒布新律令：「為防止工人偷金，規定礦區內各行業，一律禁止私下用黃金買賣，並在礦區出入口派人搜身。違者則不得再進入礦區作生意。」律令發布後，妓院老闆擔憂礦工偷來的金子無法使用，影響妓院生意，老鴇隨即想到因應辦法，便是將黃金夾藏在妓女身體的私處，偷運出礦區。然而，被密告之後，妓院慘遭嚴厲搜查。日本礦長為了搜查妓院私運黃金一事，連尚未破身在妓院打掃的琉球女孩富美子，也被強行拖去房內徹查私處，畫面外一聲又一聲的淒厲尖叫，染血的白手套除了證明富美子的清白外，更直指殖民體制的暴力本質，和被殖民者無從抵抗的處境。

　　此處能發現日本礦長的權力，不僅行使在礦場內部的運行，其頒布的命令更具有律法效力，甚至可控管礦山地區的一切，關於殖民地的法權問題，在齊隆壬〈臺灣電影的日本殖民記憶〉一文中也曾注意到：

> 日據時代臺灣所行法制為有別於日本內地的特別法制主義，規定在臺最高統治者（臺灣總督）「得在其管轄區域內，制定具有法律效力之命令」（六三法）；以「法律效力之命令」即律令方式的殖民統治，不但是高壓的殖民策略，更揭露殖民與被殖民的法權關係。〔註40〕

引文清楚指出，殖民者與被殖民者間不平等的法權關係。電影裡，日本礦長可以隨意訂定法規，以求對己身最大利益，甚至任意侵害人民的私領域。

　　由於密告者說出以身體私處可夾帶黃金的秘密，因此被殖民者私領域的侵害，也體現在搜查礦工肛門一事上，殖民者的殖民主義不僅對女體進行強暴，亦對男體進行雞姦的統治迫害。礦工成仔無法吞忍尊嚴受到這樣的侮辱，向日本監工發狂似地咆嘯：「幹！我們這樣還像個人嗎？像個人嗎？你把我當作畜牲是嗎？」非人待遇迫使人民反抗，然而一聲槍響，斷送了成仔的性命，也揭示殖民者夾以強大的現代性武器作為統治後盾。當成仔的棺材抬出了山頭之後，新的檢查制度使礦區的生活環境更加苛刻。下一幕的情節，導演以

〔註40〕齊隆壬，〈臺灣電影的日本殖民記憶：《無言的山丘》與《戲夢人生》〉，收入《當代華語電影論述》（臺北：時報文化，1996年5月），頁126。

慢速處理畫面，並且抽掉畫面裡的現實聲音，使觀眾可更專注地凝視那機械化的掘坑動作。長而黑暗的坑道裡不斷搖晃閃爍的光點，映照出被剝削的勞動身體。坑內礦工以面巾、口罩搗著臉，坑外礦工則是因被檢查私處時而露出猙獰痛苦表情，這種畫面無聲的真空狀態，象徵著被殖民者最弱勢的底層無法發聲的情景。

　　如前述所言，具有殖民者身份的礦長，在礦區內屬於資本經濟體制裡最上層的統治者，礦場事務所裡層層制度的展現，即是殖民資本結構的組織化特徵，眾多的礦工們在整個殖民資本體制下則屬於被剝削的最下階層。然而，影片裡的關懷視角並非只限於殖民與被殖民間的不平等的法權關係，更細緻的呈現殖民體制下的社會階級問題。礦場因為日本財閥的經營，吸引了大批勞工前來，還有覬覦此處商機的妓院、茶樓等，逐漸將礦區的城市面貌結構起來。妓院老闆擁有妓院裡所有人事物的掌控權力，老鴇屬管理階層，他們將妓女的身體作為展示販賣的商品，妓女無疑亦是被剝削的弱勢族群之一。因此，在影片中所批判的經濟剝削，並不僅於日本殖民者與被殖民者之間不平等的法權關係，在資本經濟的結構中，資本家仍涵蓋臺灣人，譬如影片中經營妓院的老闆與老鴇。電影裡飽受肺結核病症折磨且瘦骨如柴的妓女阿英，即使濃妝豔抹也遮掩不了病懨的臉龐，老鴇仍不斷要她拿牌接客。另一位妓女富美子，孱弱的身軀已不堪負荷，依舊要不斷地服務絡繹不絕的客人，都顯示了資方運用強制權力不斷進行勞力剝削。

二、混血他者的身份認同困境

　　《無言的山丘》（1992）在紅目與富美子的敘事線上，透過兩者特殊的身份，更能深入觀察在臺灣殖民地下弱勢族群的多重邊緣位置。紅目是妓院老鴇的養子，僅知父親是位日本人，母親為臺灣人。他常常將他父親是日本人掛在嘴邊，試圖讓大家認同他具有殖民者的血統，並深信自己會因此受人重視。事實上，他因為是妓院裡收養的孩子而備受歧視，由於混血和妓院的背景，讓他蒙上雜種、不潔的觀感，臺灣人甚至不准他靠近具有神聖性的廟會。另外，當日本監工發現他在事務所前面兜售情趣玩偶和春宮圖後，監工大聲喝斥並且揪著他的衣領怒吼著：「小雜種！你以為這裡是妓女戶！」紅目一聽非常憤怒，用日文回應：「不要每次都罵我是雜種，我爸爸跟你一樣是日本人。」接著轉用臺語回問：「你日本人啊？你也是雜種的！」圍觀的臺灣人齊聲哄堂

大笑，惹得日本監工更加憤怒。最後，日本礦長介入並且動手打了他，紅目隱忍委屈離去。然而，在面對心儀的富美子面前，紅目卻將這段回憶竄改成：「新礦長他說我不該作羞恥的事，才不呢！他說我這樣的男子漢，應該放眼四海，怎麼可以一直待在這過日子。他像一位大哥一樣地教訓我呢！」他將日本礦長視為同血親的哥哥，並且把礦長給予他最難堪的羞辱，轉換成是疼愛他的教導。這樣令人錯置的記憶陳述，或許是不願在心儀對象面前，露出狼狽的真實面貌，另一方面，也表現出他不願承認和面對這次身份認同的挫敗經驗。紅目的自我認同處境，在一次和媽媽桑的對話中，更顯其孤獨：

> 紅　目：是合身啦！不過，如果是日本服不是更好嗎？
>
> 媽媽桑：什麼？給你魚吃你還嫌腥啊！那你不是跟他一樣？四腳落
> 　　　　地才穿日本服？
>
> 紅　目：那些女人為什麼都可以穿日本服？
>
> 媽媽桑：那你是要跟她們一樣去脫褲子啊？
>
> 紅　目：穿日本服，人家也比較看得起我。妳以前不是說過，我父
> 　　　　親是日本人。
>
> 媽媽桑：你爸爸是日本人沒錯啦！是日本人又怎樣？真有那麼稀奇
> 　　　　嗎？
> 　　　　如果要說到你的種，是最神氣的啦！來這裡付過錢的，全
> 　　　　都是你父親。有日本人、臺灣人、溫州的、福州的、瘸腳
> 　　　　破相、臭頭爛耳的、全都有份。小孩子還要跟人家講什麼
> 　　　　看得起？如果吃得飽、穿得暖、有志氣一點，人家自然看
> 　　　　得起你。譬如說一隻狗，蹲在路邊，你給牠穿一件衣服，
> 　　　　仍是隻狗。人家會看得起牠？會叫牠來下棋嗎？好啦！好
> 　　　　啦！這些藥拿去，等一下有時間拿去燉了吃，看會不會快
> 　　　　點長大，免得像隻猴一樣。
>
> 紅　目：謝謝，媽媽桑。

語畢，紅目語帶哽咽、神情頹喪地離去，而媽媽桑此時皺了眉頭，與剛才尖酸刻薄的模樣截然不同，自責地輕嘆口氣後，神情轉為哀傷。

　　紅目一心傾慕日本文化的形式，他認為只要能習得流利的日文，妝扮成日本人的模樣，加上父親的殖民者血統，就能擺脫被歧視的夢魘。但從老鴇的回應，可以得知另一種日本觀點。她認為一個人是否能被看得起，在於志

氣，尤其在生活困頓之下，能顧好己身飽暖就非常不容易，何以要貪戀殖民者的身份和地位。在媽媽桑世故的眼中，穿著日本服偽裝成日人模樣者，不是走狗，就是為了賺錢的權宜之計，流露出老鴇對於日人的種族優越感大表不以為然。當中顯示兩種認同差異，紅目不斷複製日本文化形式，是為了能被承認日人血統，而妓院老闆、老鴇及妓女們複製日本文化形式，則是為了虛與委蛇殖民體制的生存之道。

　　紅目為了與富美子一起，以妓院偷藏黃金的情報換取富美子的贖身。不料，與日本礦長私底下的交易，不但沒有拯救到愛情，還將富美子推向更悲慘的深淵。甚至逼死了妓女阿英，這促使悲憤的紅目潛入礦長住處，對他質問：

> 礦長：你幹什麼？你怎麼可以到我房子裡來？
> 紅目：我有話跟你說。
> 礦長：太晚了，看你髒成那個樣子。
> 紅目：我本來就髒，沒有人認為我乾淨過。可是你也不比我乾淨。
> 礦長：混蛋！
> 紅目：你才混蛋！當初我檢舉他們藏金子，你答應我要讓富美子出
> 　　　妓院當我的妻子。結果你什麼都沒做。不但如此，你還傷害
> 　　　了富美子。還害死了另外的人。
> 礦長：富美子還是處女啊！雖然是琉球人，但像你這樣的人，哪有
> 　　　資格得到她？
> 紅目：幹！
> 礦長：我不處罰你，算是給你的獎賞了。滾出去！

紅目不純潔的血液，無法被允許承認為日本人，也無法被臺灣人接受。紅目中日混血的異質性，在日本殖民體制下比琉球人、臺灣人更受歧視。找不到身份歸屬的紅目，終於在日人礦長一次又一次給予的羞辱中，憤而殺死礦長，紅目身份認同層次上的「弒親」行為，象徵著他對日本認同的毀滅性破滅。

　　而來自琉球的富美子，常常望著海洋思念遙遠的家鄉。「我的父親、母親，他們知道我是在這種地方過日子的嗎？」他總哀傷地望著海洋喃喃傾訴，或唱著日本歌曲撫慰鄉愁情緒。臺灣日治時期，琉球成為日本對臺輸入人力資源的供給地，加上琉球社會經濟窮苦，當時到海外謀職是相當常見。根據又吉盛清的《日本殖民下的臺灣與沖繩》的研究指出，當初以日本婦女身份最

早赴臺的沖繩婦女，大多是商女（娼妓）和琉球女（妓女）。原因是在日治初期，臺灣總督府採開放態度，有了官方支持，當時在臺日本藝妓的收入都相當可觀，也讓更多的琉球女性進入殖民地臺灣從事性工作。〔註41〕由於富美子說日語，臺灣人將她視為「日本婆」，具有殖民者身份的富美子，又為何委身於妓院之中呢？歷史上，琉球原是一個國家，遭到日本薩摩藩的入侵後，雖然「琉球王國」仍是獨立國家，卻受到薩摩藩和日本幕府的嚴厲統制。歷經 1872 年日本宣佈廢除琉球國並設置琉球藩之「第一次琉球處分」，以及 1879 年日本廢除琉球藩、設立沖繩縣的「第二次琉球處分」後，琉球王國最終併入日本國而滅亡。然而日本並未將琉球人視為日人平等對待，採取的仍是歧視性統治，因而造成 1945 年慘烈的沖繩戰役。因此，在臺灣的沖繩人大多是日本人社會的最底層，並有「日本生蕃」的歧視性稱呼。富美子相對臺灣人而言，看似具有殖民者身份，事實上，同樣是遭日人歧視的低層階級。〔註42〕

　　透過紅目和富美子兩人的異質身份，我們可以看見該片塑造出來的殖民者形象，已脫離解嚴前國家機器時期的愛國電影裡，對日人舊有的單一論述〔註43〕。妓女富美子被視作日本人，事實上卻是被日人輕視的琉球人，其異質身分在妓院成為招攬男客的招牌，臺灣男性投以異國情調的性想像，最後不堪剝削的接客方式而病死。而紅目的混血特性，也顯示出種族主義下對於血液純度的忠誠，使得紅目最終無法在殖民者或被殖民者間獲得認同，成了飄盪的孤魂。電影透過兩人身份的特殊性，呈現出多重壓迫，提出殖民地經驗的新歷史視野，突顯了這群在臺灣殖民歷史中的孤魂顯影。

三、土地經驗的轉變

　　《無言的山丘》（1992）裡蘊藏黃金的山丘，為殖民者與被殖民者、資本階層與勞動階層共同欲望對象，但這欲望背後卻有不同的目的。電影中兩位主角阿助和阿屘，兩兄弟最終目的就是擁有一塊田地。當他們初拿到採礦工作許可證時，不識字的阿助滿懷欣喜地不斷盯著證件瞧，惹來阿屘的好奇問道：

〔註41〕又吉盛清著、魏廷朝譯，《日本殖民下的臺灣與沖繩》（臺北：前衛，1997 年 12 月），頁 58～66。

〔註42〕遠藤譽，《沖繩と臺灣》（沖繩：沖繩縣教育委員會，2000 年），頁 52。

〔註43〕齊隆壬，〈臺灣電影的日本殖民記憶：《無言的山丘》與《戲夢人生》〉，《當代華語電影論述》，頁 125。

> 阿屘：阿兄，你看這麼久，借問一下，這些字你認識嗎？
> 阿助：不認識我也知道他在講什麼。這兩張就是講我們若努力工作
> 　　　　就有福氣，就有田地、有妻兒、爸爸媽媽就有一個風水，不
> 　　　　必兩個皇金寶一直寄在田埂邊，常被牛踢得東倒西歪。

從上述對話可得知，購買田地是其最終目的，而挖礦則是累積財富完成夢想
的實現過程。廖朝陽〈《無言的山丘》：土地經驗與民族空間〉一文中也認為，
礦坑雖然可以供給財富，意義卻與農田相反。

> 農業勞動是人與土地共同延續的生存方式，本身是經驗的形式，也
> 是經驗的內容。礦坑則是致富的捷徑，殖民帝國發展現代經濟的據
> 點，……。礦能供給價值的形式（黃金、錢幣），不能供給價值的內
> 容。〔註44〕

這也指出殖民資本主義的侵入，改變原先的農業勞動的經濟狀態，不只吸引
了務農的阿助與阿屘，蜂擁而來的應徵者在每日八點前就擠滿了礦辦事務所
門口。由於眾多人潮聚集，整座山城成了經濟的群聚效益體，吸引各行業來
此分享淘金人的黃金夢。

　　然而現實上，礦區是殖民者對殖民地經濟掠奪的體現，對土地價值的思
考僅是經濟利益的計算。我們可以從阿助和阿屘逐步參與山城的文化活動
中，思索土地與人之間建構出的地方意識。電影裡阿助、阿屘唱戲的一幕，
賣麵茶的阿伯負責教戲，其他礦工朋友負責敲鼓、吹奏樂器，唱得認真投入，
市集裡的人們也幾乎都抓著板凳聚集觀看，展現礦區山城裡的庶民共歡的育
樂活動；另一幕則是兩兄弟參與當地的民間信仰活動，兄弟倆擔任扛神轎的
重責大任。阿助和阿屘從葛瑪蘭移入九份，在體驗到礦坑環境帶來的壓迫使
黃金美夢逐漸消融時，他們藉由積極參與當地文化活動，鞏固自我生活與土
地的歸屬認同感，並且從與當地人民的共享樂共患難中，一同建構共同經驗
的記憶。

　　礦工們透過地方意識的建構過程，消解工作帶來的異化感。除此之外，
殖民帝國的強制介入，這些殖民刻痕也承繼在礦區的土地與人民的記憶裡。
對此，廖朝陽在〈《無言的山丘》：土地經驗與民族空間〉一文裡認為：

〔註44〕廖朝陽，〈《無言的山丘》：土地經驗與民族空間〉，《後殖民理論與文化認同》
　　　　（臺北：麥田，2007年12月），頁343。

> 殖民者進入在地文化，使在地文化的內容產生偏移，但是這整個進
> 入、偏移的過程也同樣會透過土地以及文化形式的刻記、承接、積
> 澱，成為在地文化的一部分。這就是為什麼殖民者離開殖民地之後，
> 在地人民的認同結構並不會恢復原狀，而且往往會因為擁有共同的
> 歷史經驗而產生更緊密的結合。〔註45〕

這樣的觀點亦說明了電影再現殖民經驗的取徑來源，導演可以將大眾經驗裡
的日常記憶編製在影像裡，以再現過往的歷史經驗。然而融入在地文化的景
況，未能讓阿助和阿屘安居山城。礦區在殖民資本體制帶來的勞動剝削下，
對礦工們而言，礦坑不再是財富的來源，而是無盡黑暗與死亡的象徵。如電
影中一群礦工都在礦坑吃中飯時，阿屘悶悶不樂並抬起頭怨道：「最少也看得
見太陽。作長工最少也看的見太陽。每天在這裡挖墓穴，什麼屁也看不到。」
之後一陣地震，坑內落下的石頭將阿屘的腳壓傷，他更是怒火中燒地大罵：
「幹！什麼金蟾蜍我看是翻地鼠啦！，我看我回家作長工比較好，最少也不
用煩惱三餐沒飯吃。」此時，他們發現礦坑壁上竟因地震而露出金礦礦脈，
大夥連忙敲下金塊藏進肛門裡偷運而出。這場地震讓他們初嚐挖礦的喜悅，
但隨著礦區為了防範礦工偷金，開始對其私處進行嚴謹檢查，阿成仔因不堪
尊嚴的凌遲，起身反抗而被槍殺、憨溪不告而別，阿助從原先堅持要待在礦
區的態度，開始轉為默然、猶疑。阿助有次聽見房東阿柔打算回鄉買地養孩
子，他坦然地對阿柔說：「鬼才要一輩子在這鑽土坑，像我弟弟說的連太陽都
看不到。來這也是想賺一點錢、買一塊地，有地最實在啦！」阿柔開心的回
應：「這樣好啊！你買我隔壁，我如果看得慣你，再花幾個錢招你過來一起
作！」阿助和阿柔在彼此的對話中，似乎找到兩人生命的共同交點。阿助進
入礦區的初衷是為了購置田地，何以阿助和阿柔最終都以田地為人生最大歸
屬？這是由於田地與漢人傳統文化有如血脈般連繫。土地不僅可以給死去的
人作墳，亦能續存後代生命，兩者都具有生命與文化延續意義，土地正是文
化承載、延續的重要物質。廖朝陽在〈《無言的山丘》：土地經驗與民族空間〉
一文裡對該片中的土地有相同的理解，他認為阿助兄弟的夢想是要買田地為
父母「作風水」，代表著傳統農業文化的典型價值：

〔註45〕廖朝陽，〈《無言的山丘》：土地經驗與民族空間〉，《後殖民理論與文化認同》，
　　　　頁344。

　　阿柔的願望也是要回「庄腳」買田：片尾她帶著三個丈夫（包括阿助）的牌位與一羣小孩，離開礦村，算是如願以償。乍看之下，故事似乎又在繞著前現代的舊觀念打轉，沒什麼新意。其實，這裡故事真正傳達出來的，也不是原封不動的傳統價值。故事裡的農田代表人類生活的依靠，託寓的意味很強，卻始終沒有進入影像表述的中心。只在片首阿助兄弟啓程尋找金蟾蜍山的時候隱約出現了一下。故事的進行還是以礦村一帶為背景，所以片中所呈現的土地主要並不是農田，而是礦村以及礦村週圍的丘陵地。〔註46〕

筆者認為農田最後被丘陵地取代，暗示著殖民者造成的經濟型態改變。山丘從礦工們最為重要的凝視、想望的對象，在殖民權力運作下慘遭剝削後消退求金欲望，開始想要回歸初始的務農生活。相對的也指出殖民者帶來的現代化經濟體制在殖民主義之下，是侵略式的破壞而非希望。

　　阿助為了能盡早與阿柔到鄉下買地結婚，他趁礦長死後、礦區檢查鬆散時盜採金礦，結果卻被炸死。獨留下的阿屘，在哥哥死去後，因過於傷心呈現遊魂狀態。一日，突然一陣雷響，阿屘隨即趴在地上聆聽，憨憨地說道：「我爸爸說，打雷的時候，土地都會震動。蟋蟀就會跑出來，這個時候所有的東西都會長出來喔！我爸就會很高興，就會一直忙。」阿屘說的是春雷驚蟄的節氣。當春雷乍響，大地萬物甦醒，正是農忙的好時節。這樣的農耕生活記憶，來自父親傳承的生命與農業文化經驗，一直潛伏在阿屘的意識裡。此時富美子也回應她離家時正逢家鄉的油菜花盛開，故年年都會到此種植兩次，阿屘承諾富美子每年都來幫忙。接著故事情節又接回電影開場的講古場景裡：

　　阿屘一覺起來，才知道那個日本女孩子已經斷氣了。靜靜地，嘴角還笑咪咪的。不知是不是這個原因，阿屘就瘋瘋癲癲了。不過，他還記得一年去種兩次油菜。大概是作過長工吧！他種的油菜特別好吃，油油地、金閃閃地。花一開，整個山坡金得嚇人，好像灑了金粉一樣。人生海海啦！

阿屘最後進入故事裡，成了傳說。像灑了金粉的油菜花田，不但是黃金意象的轉變，同時象徵阿屘最後在回歸土地時，才得以實現他的「黃金夢」，電影

〔註46〕廖朝陽，〈《無言的山丘》：土地經驗與民族空間〉，《後殖民理論與文化認同》，頁343。

透過彰顯傳統農業文化自給自足的價值，批判了山丘礦區資本主義的支配結構。在這條回歸的路徑上，充斥著死亡與瘋癲的陰影，結局時阿柔帶著阿助的神主牌回鄉、富美子在寄寓鄉情的油菜花田死去，而阿屘在精神脫序後才得以在油菜花田裡展現自我價值，在在指出殖民資本體制下的臺灣底層人民生存困境，阿屘主體分裂的癥候正是在面對現實生活的秩序時，逃避現實的消極抵抗。

小結

《無言的山丘》（1992）透過影像敘說臺灣殖民經驗，從「無言」的殖民情境裡，再現殖民主義與資本主義的壓迫。該片從社會最底層人民建構複雜又多層的歷史經驗，我們可從他們的生命經驗裡看見生命悲情的來源，包含資本主義的勞動剝削、殖民主義的種族歧視、不平等的法權關係，使得人民的生命與財產隨意被侵占迫害，同時由於殖民者血統觀的種族意識，這些都使被殖民者的身份沒有翻轉的可能。

另外，電影裡透過土地的轉變，暗示土地是延續臺灣文化和歷史記憶的重要載體。然而當殖民資本主義侵入，掠奪了殖民地的土地與自然資源之後，亦改變了臺灣的經濟結構。礦工的異化狀態使得主體性喪失，阿屘在殖民體制下發瘋，一方面呈現出臺灣人精神生活與物質生活的悲苦，另一方面也因為在瘋癲時，才將當初的黃金夢實踐在金黃閃耀的油菜花田，尋回自我價值。

瘋癲後的阿屘甚至謹記對富美子的諾言，每年還記得種植油菜花田兩次，而這裡的經驗並非一成不變，油菜花田不但實踐了阿屘自傳承父親的務農生命經驗，也延續富美子的生命經驗，暗示著土地空間與記憶不斷地轉變，也造就了臺灣歷史與文化經驗的複雜和混雜特性。

第三章　自傳式殖民敘事與情感視域

第一節　回憶錄的歷史敘事：《戲夢人生》（1993）

前言

　　侯孝賢繼《悲情城市》（1989）之後，持續關懷臺灣歷史經驗，在 1993 年推出《戲夢人生》。電影內容記述的是臺灣戲偶大師李天祿的傳奇故事，透過重新組織他前半生的個人記憶，呈顯出日治時期臺灣底層社會的庶民生活肌理。同時，電影的敘事形式與鏡頭語言也具備藝術深度，許多評論都認為這部電影是侯孝賢自新電影時期以來，個人風格最完整、藝術成就最為飽滿的顛峰之作。電影在臺灣上映的同一年，《戲夢人生》（1993）赴法國坎城參加國際影展，其獨樹一幟的影像語言深受國際評審的讚賞，因而獲頒評審委員獎。

　　《戲夢人生》（1993）不論是內容或展演形式，都較前作有更加精湛的表現。而筆者想進一步了解的是，侯孝賢透過重新組織李天祿的個人記憶，建構複雜的敘事結構與美學形式，是意欲表現何種日治時期臺灣的歷史情境與歷史意識？因此，本節將以三個層次進行討論。首先，爬梳電影文本的敘事結構，以理解電影傳達的「疏離」意涵；第二，重新省視電影的鏡頭語言如何呈現、以及呈現了什麼樣的的殖民經驗；最後，則是探討文本中「戲劇」的運用策略。

一、歷史再現的疏離感

> 他其實不必再表現，他的人生就是戲、戲就是人生，兩者已經溶合
> 在一起。〔註1〕

《戲夢人生》（1993）這部電影的形成與李天祿有十分密切的關係。80年代李
天祿曾在侯孝賢的電影《戀戀風塵》裡飾演祖父一角，他即興、帶押韻的語
言表現、飽含傳統文化的思想，讓侯孝賢為之驚艷並且深受吸引。李天祿原
是一位來自民間的掌中戲演師，在技藝養成的過程裡，鑄造了他超凡的口說
表現能力，不僅能夠流利地表達閩南語之外，話語內在的文化思想性，更是
具現他豐厚的臺灣傳統文化底蘊。李天祿流露出的濃厚人文氣息及民間色
彩，促使侯孝賢起念想藉影像為他作傳。初先電影的雛形是一部布袋戲紀錄
片的構想〔註2〕，到《悲情城市》（1989）完成以後，侯孝賢將「歷史影像化」
作為他90年代創作意念的實踐途徑，又李天祿跨越兩個世代的生命幅度，正
好疊合侯孝賢取材的歷史時間，才決定以李天祿的故事為本，採用劇情片的
格局拍攝，特別把李天祿設定為片中的一位敘述者〔註3〕，通過對他的人生片
段的擇取和重組，並且讓李天祿口述以及現身說法，以電影表現那個時代人
們的生命、熱情和情操。

《戲夢人生》（1993）的時代背景，始於1910年李天祿的出生到1945年
終戰，劇情內容主要講述李天祿在日本殖民臺灣期間的生命記憶。李天祿誕
生在一戶中下階層的傳統家庭，一出生便受到算命師的影響，對父母只能以
叔姨稱呼。他的父親是位掌中戲藝師，自立華陽臺戲班，李天祿從小耳濡目
染，也學得幾分掌中戲技藝。然而，他八歲時母親因病離世，父親再娶的後
母對他百般苛待，祖父的過世更讓他庇護全失，從此離家獨立並開啓他的戲

〔註1〕 此段話擇取自侯孝賢訪問中對李天祿電影表現的評價。曾郁雯，〈訪侯孝賢談
　　　 電影中的李天祿〉，《戲夢人生：李天祿回憶錄》（臺北：遠流，1993年9月），
　　　 頁292。

〔註2〕 侯孝賢與李天祿的淵源，一開始是來自中影受託製作一部關於布袋戲的紀錄
　　　 片。侯孝賢為了這部紀錄片，開始收集一些李天祿等布袋戲頭手的資料，後
　　　 來因故停擺，資料也都轉送他人。直到拍完《戀戀風塵》之後，在《中國時
　　　 報》看見劉還月寫了一篇有關李天祿的報導，使得侯孝賢又產生為他拍攝紀
　　　 錄片的念頭。參考：曾郁雯，〈訪侯孝賢談電影中的李天祿〉，《戲夢人生：李
　　　 天祿回憶錄》，頁297～298。

〔註3〕 謝仁昌，〈我生命過程的一個報告：侯孝賢談「戲夢人生」〉，《電影欣賞》11
　　　 期（1993年7月），頁47。

劇之路。成年以後，他被招贅至臺北大龍峒的老師府〔註4〕，婚後成立亦宛然戲班，正當事業起步之時，卻遭逢盧溝橋事變（1937）。戰爭爆發後，臺灣總督府推行皇民化運動，規定所有的外臺戲劇不准演出，李天祿被迫封箱停演。他先到臺中樂舞臺爲歌仔戲團排戲，期間遇見女子麗珠，共譜一段露水情緣。由於時局愈加動盪，李天祿爲求一家溫飽，投入專演日本戲的「新國風」改良布袋戲團，接著又進入官方劇團「英美擊滅推隊」作宣傳劇的演出。後來爲了躲避空襲，李天祿與家人疏散到南部，不料當他們抵達的同時戰爭也正好結束了。等待返家期間，全家人幾乎都染上瘧疾，丈人因而病死異鄉，小兒也不敵疫病在北部家中逝世。戰爭結束之後，臺灣民眾紛紛請來戲班酬謝神明保佑，因戰爭被迫在戲劇江湖裡流浪的李天祿，終於能夠重回戲臺掌戲乾坤。

　　由上述劇情來看，情節大抵以順敘方式展開，按線性歷史呈現李天祿的生命變化與進程。值得注意的是，在劇情演出的過程中，李天祿的口述不時以旁白的方式進入畫面形成補述作用，甚至現身在影片佈景當中，爲觀眾娓娓道來他的生命故事。Nick Brown 在〈《戲夢人生》：侯孝賢的景色詩學〉中認爲這是一部以第三人稱進行的自傳性作品，李天祿本人的陳述手法（presentational）與演員透過戲劇的再現手法（representational）兩者交互出現〔註5〕，使得影像有著一種彷彿時空交錯的虛實變幻，干擾著電影行進，造成觀影過程產生不連貫的斷裂感。

　　除此之外，《戲夢人生》（1993）的鏡頭語言也帶有十分個人風格化的詩學表現。電影片長時間有 142 分鐘，卻僅用 100 個鏡頭組成敘事，平均每個鏡頭的時間長度約 82 秒，幾乎是一場一鏡〔註6〕。畫面的構築主要採用長鏡

〔註4〕　臺北大龍峒的老師府，即「陳悅記祖宅」，於西元 1807 年由陳文瀾長子陳遜言所建。陳遜言之子陳維英，1851 年被臺灣道徐宗幹舉「孝廉方正」，1859年中試舉人，不第後入內閣供職，由中書而進主事。返臺後掌教於明志、仰山、學海等書院，被尊稱爲「老師」。也因其故，陳悅記祖宅遂被稱爲老師府。周宗賢，〈大龍峒陳悅記小史〉，《臺北文獻》105 期（1993 年 9 月），頁 29～44。亦可參考臺北大同區公所網站介紹。資料來源：http://www.dtdo.gov.taipei/ct.asp?xItem=1605454&CtNode=41198&mp=124031，2014 年 7 月 21 日）。

〔註5〕　Nick Browne，〈《戲夢人生》：侯孝賢的景色詩學〉，《戲戀人生：侯孝賢電影研究》（臺北：麥田，2000 年 1 月），頁 218。

〔註6〕　張泠，〈穿過記憶的聲音之膜：侯孝賢電影《戲夢人生》中的旁白與音景〉，《電影欣賞學刊》7 卷 2 期（2010 年 9 月），頁 37。

頭、固定鏡位、深焦構圖的表現，營造出緩慢淡然的影像敘事，侯孝賢的長拍美學在《戲夢人生》裡可說是達到了極致。〔註7〕

　　事實上，侯孝賢在片頭之處，就已經爲《戲夢人生》（1993）的觀看位置作出定調。影片開始先以戲曲的鑼鼓樂聲引領觀眾入戲，再以字卡方式標記時代背景：

> 一八九五年中日甲午戰爭，
> 中國戰敗，簽訂馬關條約，
> 割讓臺灣、澎湖給日本。
> 自此日本統治臺灣五十年，
> 至第二次世界大戰結束。

下一幕，李天祿家中廳堂圍滿前來祝賀他出生的人們，接著是李天祿口白悠悠地談述著出生之事：「講起人的命運，從我父親給我母親招贅以後，一直到出生，我阿公阿婆比較是屬於古代的傳統性，急忙找人替我算命。」、「這就是我們古早，全憑算命先生的指導。當時日本時代報出生，一個月內都可以報」、「我出世，一生會姓李，就是我父親給我母親招贅的關係，這就是出生的事情。」

　　電影開頭透過史實事件架定歷史敘事的時間框架，先以臺灣史上特定的政治里程碑揭開電影序幕，之後再把焦點轉移到李天祿的個人生命故事。〔註8〕廳堂畫面裡並存三個聲音：鑼鼓樂聲、演員交談聲、李天祿的口白，無論畫面或聲響彼此之間皆相互指涉，告示著《戲夢人生》（1993）的表現形式與敘事結構，具有複雜的層次關係，以及繁複的辯證性。畫面跳接到下一幕戶外野臺戲的大遠景，鑼鼓樂聲終於與畫面同步一致。接著正拍李天祿父親的戲棚，臺上正在演出「扮仙」劇碼，由下而上的仰角模擬觀眾看戲的角度，呈顯戲臺與觀眾之間的互動關係。畫面接著淡出，片名「戲夢人生」浮現螢幕。此段落的剪輯除了頗有向野臺戲致敬之意之外，也挪用了「戲劇即將開演」的預告作用，透過戲中戲的戲劇形式爲電影開場，呼應片名關於電影、人生、戲劇的多重互文關係。

〔註7〕 沈曉茵，〈本來就應該多看兩遍：電影美學與侯孝賢〉，《中外文學》26卷10期（1998年3月），頁40。

〔註8〕 葉蓁，《想望臺灣：文化想像中的小說、電影和國家》（臺北：書林，2011年8月），頁139。

二、大眾的日常生活記憶

　　關於侯孝賢固定長拍鏡頭的美學形式，原是為了克服較差的拍攝環境，而找出的最佳攝影方式。〔註9〕換言之，侯孝賢的長鏡頭美學是在有限的條件裡創造出來的拍攝風格，原本是阻礙的限制反而成了創新的能量，並且逐漸累積成為他獨有的鏡頭語言風格。因此，「景框」內的空間敘事便成為侯孝賢著重思考之處：

> 我常常固定在一個角度，譬如在一個通道，要有什麼事情發生在這通道裡面，而不是隨心所欲可以進到浴室或進到臥房裏，要把這種感覺在這個限制裏拍出來，就必須要對空間的使用，也就是對生活的軌跡要非常清楚，因為這樣子，慢慢的就愈來愈喜歡這方式。〔註10〕

值得注意的是，《戲夢人生》（1993）從宏大的歷史敘事退位，鏡頭關注轉向動盪時代下的庶民生活，特別是在零碎記憶的片段展演。加上複雜的音畫辯證與鏡頭語言的表現手法，讓觀影者產生疏離的感受。葉蓁在《想望臺灣：文化想像中的小說、電影和國家》一書中也曾提出《戲夢人生》（1993）整體故事的歷史感表現不足：

> 儘管戲夢人生的首幕開門見山點出具政治意涵的歷史性一刻，然而整部電影刻意將政治歷史推的遠遠地，化為觀眾不易察覺的背景，相較於《悲情城市》，《戲夢人生》有過之而無不及：影片裡尋常老百姓對政治的重要事件感受不深，藉此突顯普羅大眾日常生活幾乎與政治無涉。〔註11〕

葉蓁認為，《戲夢人生》（1993）裡的貧民百姓首要顧及現實生存，自然對歷史呈現出無感，電影裡盡是無涉任何政治行為的日常表現。他們對殖民者沒有敵意，未有抵抗，乃是因為在現實考量下，政治對立的狀況是不切實際的，只能全力配合。〔註12〕他進一步闡釋：

〔註9〕 侯孝賢在多次訪問中，談及長鏡頭時，常常解釋為「因為臺灣電影界職業演員太少，以及拍攝場景之不足而發展出的美學。」焦雄屏，〈尋找臺灣的身份：臺灣新電影的本土意識和侯孝賢的《悲情城市》〉，《侯孝賢》（臺北：國家電影資料館，2000 年 12 月），頁 62。

〔註10〕謝仁昌，〈我生命過程的一個報告：侯孝賢談「戲夢人生」〉，頁 48。

〔註11〕葉蓁，《想望臺灣：文化想像中的小說、電影和國家》，頁 140。

〔註12〕同上註，頁 143～144。

日本接收臺灣之初，迅速重建，徹底翻修島嶼生活的各種面向，從政治機構、經濟組織、健康、教育、運輸體系，乃至於城市、農村的外在樣貌。然而如此大規模極具的變遷，竟對李天祿的日常生活激不起半點漣漪。他對那幾年的回憶，全環繞在平凡無奇的瑣事上：百般聊賴的私塾教育、挨父母親鞭笞責打、終至長成一叛逆少年，索性離家加入布袋戲班當學徒。電影開始沒多久，其中一幕呈現日本占領的政治現實侵入李家私領域：由此可知，人們顯然低估戲劇在當時的政治意義：戲劇是占領者在臺推動現代化和皇民化的手段之一。士兵要求家族男性剪去清朝辮髮，這家人既未質疑，也沒有以殖民者強行加諸的文化收編（cultural assimilation）為理由，抗命拒從。日本官方為讓民眾從善如流，特別安排戲劇演出籠絡人心。對這家人而言，此一改變，確實有些惱人，不過當他們從士兵手裡接過戲票，隨即獲得安撫。整件插曲最重要的莫過於以下事實：全家拿票進場看戲，在李天祿心裡或許因而植下了戲劇的種子。〔註13〕

事實上，關照李天祿個人記憶，可以發現電影故事裡的每個段落，都屬於他生命中重要的記憶點。換言之，這些被銘刻下來的記憶，是他在各個階段裡促使生命發生轉折的重要事件，特別是生離死別這種無法抵抗的命運。李天祿在電影裡現身說法、追憶過往之時，總會先如此開頭：「講起人的命運……」、「講到我們人生，最苦慘，就是生離死別。」充斥宿命論的感知。不過若是仔細推敲這些被導演刻意選擇、重新編織成影像的記憶，會發現這些命運除了是偶然性的，不可忽略的還有「歷史」這個必然性的因素，也支配著生命變化的發展。因此，電影呈顯出的歷史情境，是否有如葉蓁文章裡所言的，是對政治採取冷漠的姿態？〔註14〕

這個問題延續先前所討論，「疏離」既然是一種歷史再現的表述策略，那麼殖民經驗的象徵或是符號，也可能被納入特定的敘事架構裡，而呈現「冷漠、淡然」的姿態。進一步的說，長拍固定鏡頭的鏡頭語言所產生的殊異感，是否就是一種對歷史的疏離？實際上，重新審察電影文本，會發現《戲夢人生》（1993）的殖民經驗在多處或隱或顯地展演出來。當我們在觀看侯孝賢電影展演歷史情境時，需要注意他特殊的鏡頭語言。如前文所言，景框裡的空

〔註13〕葉蓁，《想望臺灣：文化想像中的小說、電影和國家》，頁141。
〔註14〕同上註，頁140。

間是他電影主力思考方向之一。因此，我們可以在主要的兩個地方，觀察到
這段歷史經驗的痕跡：一是鑲嵌在《戲夢人生》（1993）日常生活空間當中的
生活文化、以及被具象化的物質所呈現；二是故事裡的時代背景，不僅作爲
用來推進情節，同時也是李天祿命運的無形推手。

　　《戲夢人生》（1993）裡李天祿幼時的生活情景，仍保有傳統文化環境。
我們可以從他成長環境的空間，例如閩式建築的起居環境、漢文私塾的教育
場所、野臺戲的戶外娛樂；以及傳統生活文化，例如算命的中國哲學觀、招
贅和童養媳的民間婚俗等等，這些細瑣的日常生活鋪排，呈顯傳統農業社會
文化及信仰系統。接著劇情以日本警察來家中送戲票通知剪辮的開展，揭示
殖民政權底下的現實處境。辮髮是清國主要象徵，在文化政治的象徵系統中，
是民族意識的忠誠顯現〔註 15〕。剪除辮髮如同斷離聯繫個人身體與國族文化
之間的臍帶，是改朝換代的意象表現。日本警察以懷柔勸誘方式，事實上仍
是以殖民威權強制律令，因此李天祿的祖父雖面露難色，但也收下票券，而
李天祿的父親夢多面對日本大人，沒有正面回應，反而是不耐煩地撇下一句
話便轉頭離去：「我自己會去剪，不用看戲啦！」許夢多顯露出不配合的情緒，
選擇自己處置也不願爲了戲票去剃頭。事實上兩者都顯現出抗拒的情緒，間
接顯露殖民情境底下所形成的壓抑性格。電影裡雖不見島嶼風雲變色的劇烈
描寫，但透過身體政治的隱喻，仍彰顯出殖民者與被殖民者之間的關係及其
政治意涵。

　　隨著劇情推進，李天祿的生命記憶漸次地出現日本事物及文化。譬如
父親腳上的木屐在屋內來回踱步的聲響、李天祿口述中提及母親生病時曾
到醫院給日本醫生醫治、爲了日人慶祝天長節而無法爲祖母料理後事等
等。這些日常生活裡的些微變化在螢幕上並不容易察覺，一直要到盧溝橋
事變之後，總督府改變殖民地的文化政策，李天祿的命運受到殖民政策影
響，整體的殖民情境才逐漸顯著。之後中日戰爭爆發，日本總督府實施皇
民化運動，對所有外臺戲頒布禁令，李天祿被迫封箱停演，隨命運之流於
演藝界裡漂浪。在如此慘澹的日子裡，侯孝賢卻特別選取一段戀愛故事，
來呈現這段時不我與的飄盪日子。此段落李天祿又再度現身影片，口述他
與女子麗珠的相識過程：

〔註15〕黃美娥，〈差異／交混、對話／對譯：日治時期臺灣傳統文人的身體經驗與新
　　　　國民想像（1895～1937）〉，《中國文哲研究期刊》28 期（2006 年 3 月），頁93。

> 這位小姐後來探聽才知道叫麗珠，那時候有種菸叫 SILASAKI 白鶴
> 的煙，那時 SILASAKI 臺北才有得賣，臺中沒得買。那就是她上臺
> 北買好幾盒 SILASAKI 的煙回臺中。她站在入口處，盒子打開抽菸，
> 那個時候已經 LAITA（打火機）那個時候不叫 LAITA，她點菸看起
> 來很大派，當時，我說這個鳥仔菸，不知道從哪裡買得到這種鳥仔
> 菸，為了這個麗珠看了看我，她看我，我也看她，她開口說，這種
> 菸你有沒有想抽一根，我說試試看囉！

透過李天祿的口述，得知他因 SILASAKI 日本香菸搭識麗珠，這段記憶的展演主要著重在他與麗珠之間調情的過程，是運用點菸盤、撕相片、忠誠度測試，三場調情戲，將兩人的情感表現入微。

此時的歷史情境表現出許多「殖民現代性」的部份，自由戀愛、日本稀少的香菸，即是殖民現代性的文化表徵，同時也交融出一種新奇而曖昧的氛圍。特別是兩人情感互動的主要表現空間，設限在麗珠的房間內，侯孝賢對這空間營造非常用心。靡麗的房室，充滿著殖民現代性的物質經驗，收音機裡播放出柔軟情調的日本歌曲、麗珠到相館拍照時的佈景出現的臺中公園的畫景。藉由現代新事物的時髦，營造一個異化空間，是混亂時局一處桃花源的溫柔鄉。有趣的是，房內最後一幕，卻設定他們吃豬腳麵線，這是非常傳統且是喜慶之時所吃的食物，電影裡由林強扮演的李天祿不斷地詢問：「為什麼要吃豬腳麵線？」麗珠回應：「因為歡喜啊！」此處呈現出一種「文化混雜」的曖昧生活情境。在這些空間記憶敘事裡，流露出的是一種歷史無意識的狀態。此處所言的無意識，並非是指侯孝賢對毫無歷史意識，相反的，是將角色看似無意識的日常經驗，通過鏡頭來展現出當時的生活是如何受到日本文化的影響，事實上這是一個非常具有歷史意識的鏡頭敘事。

三、戲曲的文化象徵

上文的討論是從導演侯孝賢的鏡頭美學，即鏡頭的框架去思考侯孝賢是如何展演臺灣殖民經驗。固定長拍的形式，使侯孝賢更重視空間的影像敘事，在屋內空間的想像裡，具現民眾日常生活的經驗，自然也展現了時代經驗。換言之，我們可以從中觀察到日本時代的殖民文化痕跡。除了透過空間敘事展現線性歷史與物質生活的關係之外，侯孝賢更進一步透過民間戲曲的文化象徵，試圖深掘臺灣社會內部的文化記憶。戲曲兼具民族、美學、政治的文

化記憶，因此電影《戲夢人生》（1993）透過李天祿這位文化記憶的傳承者，追憶逝去的傳統思想的價值觀。筆者想追問的是，「戲曲」在日治歷史敘事中，扮演的角色以及功用為何？置於殖民情境底下又與其展開什麼樣的對話呢？

電影出現多次戲曲片段，這些戲曲的出現常常因著政治環境的變動而改變。譬如在戲院裡剪髮辮的一幕戲，暗喻臺灣政權的轉移；李天祿到臺中演歌仔戲，是因為皇民化政策禁演外臺戲所致；進入戰備體制後，傳統戲曲一律禁演，李天祿為求溫飽只好加入改良式的宣傳劇。電影除了以戲曲帶出時代背景，也以戲曲發展過程的轉變，彰顯殖民政策如何箝制臺灣社會與人民。戲曲與時代的關係，最顯著的一幕戲就是皇民劇「島崎殉難」的演出。導演運用正面鏡頭，將改良劇舞臺置中於景框內，演出一個完整的劇幕，景框外的現實觀影者彷彿與電影中的人物疊置一塊。皇民宣傳劇內容大力宣揚島崎為國殉難的光榮，可以想見當時日本帝國為了戰爭所需，是如何積極地對臺灣人進行精神改造。從現代目光觀看這場戲曲，或許會感到荒謬可笑，然而這卻是李天祿與臺灣眾百姓們在日治時期的現實處境。

《戲夢人生》（1993）裡不僅將戲曲變遷的現象，指涉臺灣人民遭受歷史命運的困境，更透過李天祿與臺灣民俗戲曲的關係，以及戲曲所象徵的傳統價值體系，探索日治時期的政治變動下臺灣的大眾精神圖像。傳統的戲曲活動，面對的是同質性的農業生活，在經濟與精神生活，或對生命思考的層次上，顯現的是一套價值體系的規範思想，這套思想是以傳統的儒家道德、道家作為反應現實的依據。〔註16〕而這也正是民間大眾用來解決和減緩各種現實生活中所產生的種種困境，所依循的傳統價值規範，換言之，在「人生如戲、戲如人生」的比喻當中，正是體現這樣的精神依存關係。

導演在《戲夢人生》（1993）裡將歷史意識投射在臺灣地方戲曲，乃因民俗藝術生命的勃發與延續根植於民間與地方，是最能忠實呈現一個時代人們歷史經驗與情感結構的元素。野臺戲所象徵的文化意涵，正是侯孝賢欲強調的大眾與地方特質。因此，他在電影裡經常會以中遠景的方式將「作戲」與「看戲」的關係呈現出來，強調「野臺戲」公開化的形式。無論是電影裡李天祿與戲曲，抑或是戲臺與看戲觀眾之間的關係，侯孝賢鏡頭望向的都是臺灣民間大眾及其日常生活經驗，是將庶民作為歷史影像敘事的主體。在歷史

〔註16〕王嵩山，《扮仙與作戲：台灣民間戲曲人類學研究論集》（臺北：稻鄉，1988年5月），頁64。

的軌跡裡，他關注的是隱匿在公共歷史敘事底下的民眾生活，強調的是「人生」及「命運」的民間文化特質，他以庶民史觀取代所有國族政治意識的歷史詮釋。如同侯孝賢在訪問裡曾自言：

> 我們很容易就會貼標籤說人家是「漢奸」，就像前面提過的胡蘭成，但是李天祿一出生就是在日本統治之下。那是所有他知道的世界。在這種情形下，很難簡單用道德評斷他的行動。所以我們選擇站在人的角度，就他當時所處的環境去看他的一生，盡量客觀地來看他所見證的時代變化。〔註17〕

綜上所述，在人生戲臺上，人們究竟是自己的主角，還是歷史操弄下的配角？由引文裡獲知，侯孝賢在意的是人在時代環境中的生存問題。侯孝賢企圖脫開國族歷史的論述，採取「疏離政治」的姿態形成他電影的「疏離感」。如前文所述，「疏離」是作為一種思考歷史與記憶的形式展演，鏡頭轉向的則是底層社會面貌。他希望能夠客觀的見證時代，這也是為什麼我們在電影裡見到的盡是零碎、片段式的庶民日常生活經驗，以及許多呈現自然環境的空景與遠景，如田園、溪河、遠山、聚落的鄉土風情。這樣的鏡頭視野的展現的是一種自然觀點，強調人與自然之間的狀態，表現了對天下萬物的關懷之情。除此之外，這一些零碎的日常記憶，透過侯孝賢的擇取，一一被撿拾回來，將之靜置於鏡頭框架裡，成為電影景框內容的意識和觀點，同時也是侯孝賢歷史意識裡的文化符碼，譬如私塾、豬腳麵線、算命、野臺戲、酬神活動等等，而這些文化符碼的共同特色皆呈顯出「傳統性」。換言之，鏡頭形式呈現自然的歷史意識，指涉的是臺灣傳統的價值體系，亦即儒家哲學裡的天命觀點。

《戲夢人生》（1993）片中的「戲」呈現多種樣貌，李天祿的人生也與戲劇相互呼應。

> 我只是個老藝人，這近百年來，臺灣的命運就是我的命運，地方戲曲的興衰就是我的興衰；如果我這一生的故事能讓世人覺得有些「氣味」也就夠了！〔註18〕

〔註17〕白睿文，〈侯孝賢與朱天文〉，《光影語言：當代華片導演訪談錄》（臺北：麥田，2007 年 7 月），頁 224～225。

〔註18〕曾郁雯，《戲夢人生：李天祿回憶錄》，頁 31。

這個「氣味」，意味著以人為本的觀點，在動盪時代下人們基於生存本能的對應，是侯孝賢鏡頭所要呈顯的。換言之，《戲夢人生》將歷史視野回到人的自身，描寫個體的日常生活，以零散碎片的記憶、平民化的敘事，拒絕了任何宏大歷史敘事，試圖挖掘在國族意識中被遮蔽的個人歷史。〔註 19〕

李天祿作為一位掌中戲藝師，在藝師的養成過程中，透過戲曲接受到傳統文化的思想，其思想性自然也會與傳統價值一致。〔註 20〕傳統戲曲的精神影響到李天祿的生命觀點，李天祿的歷史記憶體現出這種傳統性思維的內涵。同時，他又是一位傳統的傳承者，將戲曲裡代表的傳統精神演給大眾，與「扮仙」形式內涵相似，其身份是與理型界溝通傳遞的角色。

侯孝賢透過李天祿雙角色的互動，一方面欲將真人特色的魅力，直接呈現給觀者，一方面也透過演員建構侯孝賢對李天祿的認識，對李天祿精神世界的探索，試圖勾勒出臺灣底層大眾的生活面貌。侯孝賢認為李天祿他的口語表現裡，流露出濃厚的民間色彩，其豐厚的人文底蘊源於對傳統性的繼承。這個關鍵性的觀察，使得侯孝賢透過拍攝電影《戲夢人生》（1993）的實踐過程裡，在戲曲、李天祿與歷史三者關係的表現上，以「戲如人生、人生如戲」的多重指涉，作為辨析命運與歷史關係的隱喻。侯孝賢在向臺灣過去追問歷史身世時，也再一次對電影觀和創作思路開啟更深的自我探尋。

「敲飛機」的一場戲，尤能體現李天祿的歷史意識。電影接近尾聲時，日本戰敗，終結在臺統治。李天祿見到附近百姓在飛機場裡大搥小搥，敲打被廢棄的飛機，眾人滿是歡樂，李天祿這麼解釋道：

> 你們為什麼要敲飛機？他們說，不然你演戲的錢從哪裡，就是拆飛
> 機，賣給古物商。而我們這裡的神明也很靈驗，所以才演戲來答謝
> 天地，今天我們臺灣能夠夠光復，就是為了這樣的起因。

戰爭結束，戲仍繼續演，只是這戲是為了感謝神明庇佑的酬謝。「酬神」儀式徹底展現了這種生命哲理的集體意識、及文化特性，呼應了以李天祿的個人記憶為本創作出的電影文本，電影的庶民史觀投射出的是臺灣人民的文化情感。MacDonald 在比較大眾文化與民俗文化的差異時，認為民俗藝術成長於社

〔註 19〕參考：杜紅艷，〈作為文化的日常生活：赫勒日常生活概念解讀〉，《南昌教育學院學報》27 卷 4 期（2012 年），頁 9～10。董文桃，〈論日常生活敘事〉，《江漢論壇》11 期（2007 年 11 月），頁 135～138。

〔註 20〕王嵩山，《扮仙與作戲：台灣民間戲曲人類學研究論集》，頁 45。

會下層，它是人民自發的、土生土長的表現，人們自己塑造它，不為高級為化的利益，只為他們自己的需要，是人民自己的天地，是他們私人的小花園。〔註21〕《戲夢人生》便是透過民間戲曲活動，由民俗藝術去發現人存在的價值與意義，展現臺灣社會底層人民的文化精神面貌。

　　侯孝賢最後用「酬神」總結電影，凸顯庶民的現世觀，是以傳統天人關係的思想價值，作為面對殖民地五十年苦難的方式，這也與電影一開始的「扮仙」相互呼應，體現了民間大眾的傳統精神。而終戰是因上天憐憫保佑，無關乎是誰的勝利，消解了「光復」中的政治神話意涵。

小結

　　《戲夢人生》（1993）整部電影的構築是從「李天祿」的角度作主體性思考。透過他跨越兩個世代的生命經驗、藝師身份形成獨特的語言表現，以及思想價值的傳統性。如同侯孝賢對電影創作的思考：「形式是內容而來的。」創作意味著再詮釋，因此該部電影也融合侯孝賢的觀點，這個觀點包含了史觀、藝術、與思想，因此成就《戲夢人生》（1993）揉合了紀錄片與劇情片兩個形式的特殊風格。這樣的形式對歷史記憶事實上有更深層次的思考，《戲夢人生》（1993）不論在敘事或是形式都將影片形塑成疏離的姿態，不易察覺電影中的殖民情境與敘事，使得被認為電影有刻意避談政治的印象。另一方面，影片投射出的淡然之味，被評論者認為是一種天意法則的人文關懷，電影流露出的傳統文化情懷不言可喻。

第二節　跨語世代與日本文化情感：《多桑》（1994）

前言

　　吳念真的《多桑》（1994）以兒子記憶為主要敘述，來回憶父親的一生，究竟在吳念真的鏡頭語言下，對於父親的生命歷程，於時代語境裡透露出什麼樣的意義？

　　本節的第一部份，首先將對影片中「多桑」的世代做一個爬梳，釐清一群從日本殖民時期跨越到國府時代的臺灣人民，在戰後有何特性？片中吳念

〔註21〕Michael Gure、Tony Bennett 著、蔡崇隆譯，〈媒體理論與社會理論〉，《文化、社會與媒體：批判性觀點》（臺北：遠流，1997 年 8 月），頁 35～72。

眞導演以分裂的兩主體，聲音（文健）和影像（多桑）同時鋪陳回憶，呈現
父親與兒子的世代距離感，因此第二部分要討論的是，當受日本教育的多桑
與接受國民教育的下一代，兩個不同知識體系相遇時產生的矛盾，在背後隱
藏著怎樣的政治文化暴力？又在什麼契機下有化解的可能？第三部分則是討
論「多桑」曖昧的對日情感，這也是吳念眞對於父親形象中最具特殊性的部
份，透顯出「多桑」在時代變遷下，何以他必須戀日的特殊心境。

一、「多桑」世代

　　《多桑》出版於 1994 年，是吳念眞導演的第一部電影。片名「多桑」是
日本語對父親的稱呼，而該片則是處理臺灣戰後日本殖民主義過渡到國府時
代後，所留下的殖民遺緒。本片主旨意欲探討臺灣戰後，這群從日本殖民時
期跨越到國民政府的人民，在時代的變動下如何受到政治變動，以及文化價
值變異影響。片名的英文副標題爲「借來的生命」，表示「多桑」世代的生命
經驗史，隱含有跨時代語境的特殊意涵。而此片也在 2008 年重新再版，更顯
得電影文本所探討的「多桑世代」議題，有其不斷被注目的重要性。此片引
領我們探究臺灣的殖民經驗、殖民遺緒與這群特殊的世代。或許《多桑》（1994）
裡並無能力提供一個解疑問的詳答，但它卻讓我們在現代的情境中，重新去
思考那些記憶裡的疑問與矛盾，並找回這些歷史記憶與社會現實的流通性。
《多桑》（1994）的電影宣傳文上寫著：

> 這個人有人叫他爸爸，老爸，爹地，或者老頭，或者「查甫老的」。
> 我們則叫他「多桑」。〔註22〕

開宗明義點出一個關於語言、世代的問題。「多桑」是日語裡對於父親的稱呼，
「SEGA」則是鄰居們平常習慣用日語稱呼「文健」父親的方式，父親另有中
文名字叫「連清科」。電影透過吳念眞的敘述聲音中對父親身世追溯憶道：

> 小時候，只要有人問多桑多少歲，他總習慣說：「我是昭和四年生
> 的」。所以後來我就學會記住一個公式，昭和加上十四等於民國，就
> 像我們都知道民國的年分加十一，就是西元一九後面的年份一樣。
> 依照這個公式，多桑民國十八年，也就是一九二九年出生的，今年
> 六十五歲，如果他還在的話。

〔註22〕臺灣電影網，（來源：http://www.taiwancinema.com/ct_16476_252）。

從 SEGA 的出生時間,可得知他是一位生長於日本殖民時代,在 16 歲時從日本統治跨越到國府時代的臺灣人。

出生於 1902 年至 1930 年之間的臺灣人,周婉窈將他們稱之為「戰爭期世代」〔註23〕。這時期的臺灣人主要特色是身歷過戰爭的非常時期,曾與日本人一同面臨過嚴肅的生死問題,並且接受殖民同化政策(1919~1937)與皇民化政策(1937~1945)。關於「多桑」這代臺灣人的歷史經驗在《多桑》(1994)片中的時間點是 1940 年代後期到 1990 年代初期,也涵蓋文健的成長背景時間。

電影裡的父親「SEGA」缺乏自我敘述的聲音,我們僅能從文健的視野去觀看、去理解他的身世歷史。電影裡多幕以長鏡頭拍攝 SEGA 的單一身影,鏡頭底下的他大多在門邊做事,或是凝視他吃飯時的神情與動作,SEGA 經常在鏡頭前呈現無語狀態。因此,《多桑》(1994)一片,主要透過文健旁白敘述的畫外音,以回憶建構父親的輪廓,在文健多數的記憶裡,父親亦是默然不語的形象。周婉窈在〈「世代」概念和日本殖民統治時期臺灣史的研究〉一文中曾經對此現象指出原因:

> 臺灣的戰爭期世代,也是一個「失落的世代」,他們在一九四五年八月的變局中,失去了辛苦學得的語言和文字,以及附著在這個語文的教育資產:他們當中許多人在新社會變成文盲。教育資產的喪失還是其次,最嚴重是,在打了八年抗日戰爭的中國的統治下,他們被迫對自己的過去與群體的過去,保持近乎絕對的沉默。〔註24〕

電影中的敘事與影像是由兩種不同的主體呈現,不僅表達了文健與父親的世代隔閡問題,也讓觀影者同樣處在一段距離來看 SEGA 的生命歷程。來自於記憶與想像建構出的父親形象,置換了「多桑」生命末期黑暗而封閉的現實,吳念真整合回憶、旁白、與慾望製造出一個「多桑」所依附的他界空間,一

〔註23〕周婉窈,〈「世代」概念和日本殖民統治時期臺灣史的研究〉(代序),《海行兮的年代:日本殖民統治末期臺灣史論集》,頁(1)~(13)。作者在此篇文裡,提出「戰爭期世代」的說法:「在我的一些論文中,我提出『戰爭期世代』的說法,在長期的綜合研判下,我也逐漸能給出一個年齡上的界定:我所謂的『戰爭期世代』指一九四五年日本戰敗投降時年齡在十五至二十五歲之間的臺灣人;如從出生年份來看,也就是出生在一九〇二年至一九三〇年之間的臺灣人——即在大正尾、昭和初出生的臺灣人。當然,這個年齡界限只是個大概,這個世代的成員包括或前或後的一些人。」,頁(2)。

〔註24〕同上註,頁(12)。

個具有歷史意義的空間，〔註25〕讓我們可從文健回返的記憶中，同他一起探尋 SEGA 背後所沉寂的原因。雖然在影片中，我們無法從文健記憶裡獲得他父親親口陳述的自我，或完整的歷史經驗，卻可以在他童年記憶裡勾勒出的尋常生活中，隨處可見日本殖民時期所留下的殖民痕跡。

　　日本殖民時期留下的歷史遺產不全是硬體的建築或是工程建設，他們同時也留下了民俗歌曲、料理、室內裝潢、花園、公園和語言痕跡。〔註26〕例如影片中，父母或鄰里交談間總是臺語夾雜著日語，父親只聽日文廣播、哼唱日本歌曲、父親帶他去看有辯士的日文電影、以及阿燦叔家牆上那張裱了框，攝於民國四十四年五月八日「臺北縣瑞芳鎮國民兵」的結訓紀念照……等等。在這些零碎的記憶裡，最重要的證據莫過於日本語言的使用，這表示他們在青年時期曾接受過以日本文化為主的知識體系，而這也是這群人共通的語言和記憶，甚至連年幼的文健，處在這樣的語言環境下也略懂一二句日文。這些殖民經驗曾有過的刻痕，在文健童年記憶的日常生活經驗中俯拾即是，這些散落在庶民生活的經驗，讓他們在戰後國民政府的大中國論述下缺席的臺灣殖民歷史經驗，有了尋根的痕跡。

二、皇民少年與國府少年的相遇

　　戰後國民政府對臺灣人民實行一套新的知識體系，企圖建構中國文化並強烈排除日本文化的霸權體系，為生長於日本殖民時期的臺灣人帶來嚴重的衝擊，尤其是在戰爭期世代的青少年〔註27〕。這些原本在日本殖民時期得到教育資產的臺灣人，不但在戰後的變局裡被迫全盤拋棄，也失去了對歷史言

〔註25〕Darrell William Davis，〈借用後殖民：「多桑」與記憶之礦〉，《中外文學》28卷 11 期（2000 年 4 月），頁 18。

〔註26〕同上註，頁 12。

〔註27〕周婉窈認為：「歷史世代的一個要件就是時代的變動。對於臺灣有部分人，分別受到日本統治臺灣的影響，他們面對一個始料不及的時代大變動。也就是在這裡，在歷史的隱晦角落中，我們看到了一個歷史世代——戰爭期世代——的身影浮現出來。一個歷史世代不是靜止的，他們在時間之流中成長，因此要對他們的集體心態有所掌握，必須像追蹤一個人的生命歷程一樣，設法了解他們所身處的環境，以及隨著生命的成長，他們和同樣也在變動中的環境間的相互關係。在這裡我們應該注意的是，戰爭期世代最具被塑性的年紀，也就是前面提及的『formative years』，一般稱為青少年期。」周婉窈，〈「世代」概念和日本殖民統治時期臺灣史的研究〉（代序），《海行兮的年代：日本殖民統治末期臺灣史論集》，頁（8）～（9）。

說己身殖民經驗的權力。而 SEGA 正是戰爭期世代的青少年之一，其少年時期即是皇民少年。

當文健和弟妹開始進入小學接受國府教育，是爲國府少年，他們與父親的關係開始轉劣，這是由於與父親記憶裡的皇民少年經驗有所扞格，父親甚至與國府少年的知識形成了一種對峙的緊張關係。在電影中有兩幕呈現了這樣的衝突，一幕是父親幫女兒畫國旗作業，卻將中華民國國旗的白日塗成了紅色，將女兒惹得氣呼呼：

> 妹妹：你看啦，多桑把國旗畫成這樣，是要怎麼交啦！
>
> 父親：幫你畫你還不高興！太陽不是紅色的不然是什麼顏色？鬼才看過白色的太陽！
>
> 妹妹：人家陸皓東畫的本來就是白色的！
>
> 父親：他不識字你也跟他一樣蠢？你眞笨！你看看日本國旗是什麼顏色的有白色的嗎？胡說八道！
>
> 妹妹：你什麼都日本，你汪精衛啦！
>
> 父親：你別以爲我北京話聽不懂喔你！
>
> 妹妹：你漢奸走狗！你汪精衛啦！
>
> 父親：你說什麼？！

原本以臺語與父親交談的妹妹，突然轉換成北京話罵父親的親日行爲，SEGA 聽不懂轉向文健求助翻譯，文健則以「沒什麼」帶過。SEGA 雖聽不懂國語，但從語氣裡猜測到女兒正怒罵他，最後以日語ばかやろ（渾蛋）回應以挽回喪失聽力的窘境。而另一幕更激烈的衝突，是與小兒子爭論中日籃球比賽輸贏時，兩人發生嚴重口角。

> 父　親：日本隊嘛！跟誰打？
>
> 小兒子：跟我們啊！
>
> 父　親：不用看啦，跟我們打不用看了啦！人家沒有兩把刷子敢出來耍呀？穩死的啦！
>
> 小兒子：眞拼喔！看完工夫再買藥！加油！搶呀！搶呀！空心！搶球！搶呀！搶呀！傳呀！快點！傳呀！漂亮！傳球呀！
>
> 父　親：你看！你看！人家參加世運的國家會打輸我們，若輸我一個個叫他們切腹給你看！吃你的飯啦！鬼叫什麼！

　　小兒子：你看！進去了啦！切腹！切腹！切腹啊！
　　文　健：好了啦，人家吃米粉，你喊什麼燒啊！

文健為了平息父親與小弟的鬥嘴，斥聲小弟不要亂起鬨。之後鏡頭裡僅有父親一人翹著腳坐在板凳上，神情漠然的抽著菸，影像的畫外之音是小兒子和女兒為中華隊加油的聲音：「打倒日本，打死日本人啦，快點」、「又得兩分啦，切腹！切腹啦！」最後父親突然站起來怒罵道：「你是在靠背喔！」並且關掉電視。女兒也站在弟弟的一方，臺國語夾雜的罵著：「你每次都這樣，你漢奸走狗啦！」最後小兒子跑出家門，母親則怒斥著父親那麼大的人看個電視也與小孩吵架。

　　這兩場衝突顯示出父親 SEGA 與孩子間的摩擦，是源自於兩方少年時期所建構的不同知識價值體系。SEGA 下一代的國府少年，他們被灌輸的是大中國論述，對於日本的歷史記憶是被栽植「八年抗戰」的抗日記憶，這與日本殖民統治時期的皇民教育，是截然不同的歷史經驗。特別是戰後的威權體制下，國家機器掌控了語言權力和歷史敘事的發言權，將日本記憶都轉化成負面符號，戰前受日本殖民的一代，他們習得的知識與歷史經驗，在戰後被新政權不理解和汙名化，應該在壯年時期掌握社會資源時的他們，被迫在新的體制裡重新學習。更嚴重的是這世代必須對自我過往的歷史經驗保持緘默，且不存在於當時大中國意識的主流歷史論述裡，使得這代人失去了對己身的殖民經驗做清理和重新定位的時機。被迫封存的記憶是他們真實的生命經驗史，在國民黨強硬剝離後，他們沉默的歷史雖然不能言說，但有些殖民經驗卻在生活習慣中被保存，有些則寄託在對日本想像的情感裡。

　　SEGA 與小兒子和女兒衝突後，無奈的自言自語：「惡妻孽子無法可治，沒辦法，沒辦法。」最後拿著煙，離開了家裡，消失在鏡頭前，此時從門外傳來 他的歌聲：「可憐的阮青春，悲哀的命運，痛哭也喚不回，消逝的少年時，可憐的阮青春，悲哀的命運。」這首〈流浪之歌〉是他最常哼的一首歌曲，也最能代表他內心的孤寂與無奈。在當時政治的公領域裡，SEGA 的主體位置不被承認，其政治暴力更進入他家庭的私領域中，掠奪他的下一代。原本父親擁有對兒子灌輸意識形態的威權，也被國家機器的新秩序替代，阻斷了傳統裡父子間的經驗傳承，甚至與父親的文化歷史經驗產生對峙、抵抗的難解狀態，造成父親 SEGA 在孩子的眼裡成了奇特的、無法歸屬的存在。而SEGA 不時流露出對日本的曖昧情感，和文化、經濟上不願或無法與現實妥協

的性格，也形成他在社會變遷中、家庭中，落寞、孤獨和有距離感的身影。這樣在時代斷層中的父親身影，也是導演吳念眞拍攝此片的主因：

> 我想寫我父親那一代的男人，因爲在我們受教育的過程中，閱讀歷史的時候，常常忽略了人最基本的東西，臺灣在世界的歷史上找不到有一群人，就是我父親那一代的男人，他們受的是日本教育，而在一夜之間必須變成中國人，因爲政治而逼他們退回到最原始，傾向日本，我爸爸常講一句話，「あいうえお去遇到ㄅㄆㄇㄈ」。〔註28〕

然而，當皇民少年與國府少年相遇時的緊張感，並非始終無法溝通，經過幾年的成長，出現了和解的契機。影片中有一幕，「多桑」與卡桑因麻將賭博一事大吵一架後，跑到城裡探望半工半讀的文健，在文健小小的房間內一同共進晚餐，一頓飽足之後，無意翻到文健的色情書刊《PlayBoy》。「多桑」認眞翻閱了起來，看到文健還是忍不住講到：「不像樣，跟人家看這個！」，但仍是目不轉睛地盯著書刊，文健並不避諱但有點尷尬的笑稱：「學英文嘛！」。「多桑」會心地笑著說：「ばかやろ」。接著對著圖片品頭論足起來：「奇怪耶，頭髮金黃色的，下面怎麼是黑色的？」聽見「多桑」發出疑問，文健也將頭湊過去看。「多桑」接著說：「這麼大，還是日本的剛好，日本的比較秀氣。」

　　這一幕中，我們可以看到這兩個原是不同知識體系教育下，具有緊張關係的生命體，在共同面對男性私密的「性」問題時，當除去了族群和家族的談論，於「性」的平臺上重新獲得同等位置的溝通。雖然「多桑」對美國籍的女體評比時，仍透露出己身的慾望對象是日本女人，在慾望上交錯著意識形態的情感。但是屏除這樣的意識回到男性具有私密性的情慾上看待，「性」是皇族少年與國府少年的共同慾望和共同想像。原先的父子關係間因爲夾雜了不同的意識型態情感而造成的扞格，回到共同慾望的情慾上，他們以一個站在男人看待男人的位置上〔註29〕，中間原先對峙問題在此處則被排除，有了重新溝通的管道。父親記憶中的少年在多年後才在一本色情書刊中與兒子重新邂逅，重新建立了男人間的私密情感，有了和解的契機。

〔註28〕謝仁昌，〈凝視那一代的男人：吳念眞談《多桑》及其他〉，《電影欣賞》71期（1994年9月），頁51。

〔註29〕同上註。

三、多桑的日本記憶

《多桑》（1994）電影中最具特殊性的部份，是 SEGA 對日流露出的曖昧情感。如前面敘述所言，因為整部影片是以文健的聲音敘述他記憶中的父親，而父親的自敘聲音在電影裡是缺席的，間接指出在國府教育裡被噤聲的臺灣殖民歷史經驗問題。也因為片中缺乏父親對己身說明的聲音，不但文健無法完全了解父親，站在文健視野的觀者也會出現距離感。而這正也是導演希望我們能去思考「多桑」世代究竟是怎樣的一個歷史經驗，並跟著探究在整個戰後的歷史語境裡他們為何不語，直至死亡仍無法言說的原因。

雖然「多桑」從未解釋他為何迷戀日本，這也是電影中的一個謎，但至少有蛛絲馬跡可循。〔註 30〕在影片中，我們可以從他們的生活經驗中，零碎的看見殖民經驗，這樣殖民經驗的遺緒，除了前述的語言、生活習慣之外，還有對日本的想像情感。片中的「多桑」SEGA 對日本文化事物總是展現鍾情的一面，他哼著日本曲子，只聽日語廣播節目，交談時使用日語詞彙、最愛喝味噌湯。即使面對時代變遷或是在家庭裡與兒女爭執，似乎都不動搖他對日的情感。這樣的日本情結展現在多方面，其中較為明顯的一項，是他對日本現代性的傾慕情感。有一幕，SEGA 正在照鏡子準備出門看電影，收音機雜音很大，他起身去調整，但轉來轉去結果都無法改善，他生氣的把頻道鈕都弄掉下來，罵說：「老講不聽，便宜沒好貨，偏不聽。人家日本製的，用上十來年，也不會壞。」另一幕是他到臺北找文健，告知他已辦好去日本的手續，SEGA 正在客廳裡吃藥，背景音樂從客廳的高級音響傳出，他對著端水杯來的文健說：「日本製的耐用多了，若是臺灣製的，這麼扯，沒兩下就七零八落了。」SEGA 離開時，文健的回憶說到：「那天晚上，我回臺北之前，他要我多換一點美金或日幣，說要給大家多買一些東西，『日本有很多東西都很好。』他說。」

這樣的傾慕情感，可能是戰後下層階級的生活狀態，較日本殖民時期更為艱苦，於是對過去相對美好的時期產生「鄉愁」性的比較。〔註 31〕金瓜石的金礦業在日治時期曾鼎盛繁榮一時，瑞芳鎮大山里的大粗坑聚落在發現金礦後，因為產金量高，人口跟著大增，曾經有「小美國」之稱。然而在戰後

〔註 30〕Darrell William Davis 著、王智明譯，〈借用後殖民：《多桑》與記憶之礦〉，《中外文學》28 卷 11 期，頁 13。

〔註 31〕陳光興，〈為什麼大和解不／可能？〉，《去帝國：亞洲作為方法》（臺北：行人，2006 年 10 月），頁 204。

逐漸蕭條沒落，大粗坑的採金盛期在民國 60 年正式結束。日治時期的繁盛相較於戰後的蕭條，也許是社會變遷的必然發展，但當 SEGA 回憶過往的繁盛光景，一同也回憶到日本殖民的時代光景，兩者具有共通和必然的連結性。反觀戰後，SEGA 不但在文化上沒有歷史定位，礦業的蕭條也讓他喪失了經濟上的能力，經濟上的無能，更間接導致在家庭中失去其主導性。太太開始出外工作，SEGA 之後的工作也並不如意，每每要和太太要錢，就被太太埋怨的碎念。甚至當太太決定搬離村莊，文健提及是否先詢問父親意見時，都被母親駁斥，認為父親連知情都不需要。SEGA 在家庭位置上的失勢，都源於他無資本儲蓄，也間接影響他在家庭裡的重要性。

　　雖然來自同一時代的共同烙印是造成一個世代（generation）的東西，但是世代的週期並非是規律的。當社會變遷的韻律或快或慢時，世代之間的邊界也隨之縮小或擴大。〔註 32〕這也就是與「多桑」同一代的母親等人，為了經濟環境改而轉向現實考量，也較貼近社會生活的潮流變化。相較之下，「多桑」流露出的日本情懷，在 90 年代的物質環境逐漸好轉的情境下，似乎是更不切實際，更令人不解的。

　　電影裡還有一點值得注意的是 SEGA 對土地的認同感，當村莊人口嚴重外流時，SEGA 仍不願搬離金瓜石，還當上鄰長。急公好義的他熱心幫忙助選，將村子裡的人都召回投票，開票後因發現少了一票，就氣呼呼得嚷著要驗票：「要抓出誰那麼難相處，清一色大家投了，竟然有人不出來投。」他的好友 NOMU 拉著 SEGA 勸他不要追查，怕被查出的人會很沒面子。SEGA 聽後更加憤怒的罵道：「管他沒面子，幹，他都不怕我們村子沒面子了，你怕他沒面子。」眾人七嘴八舌的勸著 SEGA，他更是盛怒說道：「少囉嗦，你們安靜啦，你們就是這樣，整個村子會敗壞，就是被你們這些人敗的。」此處呈現出 SEGA 對於自己生命經驗的極力保留與挽回，仍敵不過時間和社會的不斷改變，最後電影對白幽幽的說：「這一年冬天，我們搬離故鄉，三年後……全村搬光。『大山』這三個字，從臺灣行政地圖上被永遠取消。」因此，筆者以為，SEGA 的日本情結，並不只是傾慕日本現代性那樣簡單，而是在時代變遷之下，存在對歷史、土地、時代甚至是青春等逝去的容顏，交相層疊的鄉愁感。〔註 33〕

〔註 32〕周婉窈，〈「世代」概念和日本殖民統治時期臺灣史的研究〉（代序），《海行兮的年代：日本殖民統治末期臺灣史論集》，頁（3）。

〔註 33〕陳光興在〈為什麼大和解不／可能？〉一文裡也曾提到「鄉愁」一說。他認為電影裡的多桑表現出對日本事物的好感，體現的是殖民地體制之下小老百

　　在 SEGA 生命快結束前，他想要完成去日本的夢想：「想去日本走走，帶你 卡桑一起去，不用啦，我都辦好了，他們還送我一個袋子。」他對文健說道。文健夫婦勸「多桑」等身體好點再去日本。SEGA 笑笑的說：「傻孩子，不會再好了。現在沒去，以後也不用去了，去不成了啦。你看，彩色的呢！活到這麼老了，才拿到中華民國的護照。」然而，出發前他再度病發，並選擇自殺結束生命，不等待被病情宣告死亡。在文健一次到日本出差的機會中，他替父親完成了這個最後的遺願。母親幫忙準備文健赴日的行李時，對父親的戀日情結嘆道：「富士山和皇宮，我就不知道有什麼好看的，讓他這麼眷戀。」電影的結尾，以黑底白字的畫面呈現：

　　　　一九九一年正月十一日
　　　　多桑終於看到皇宮與富士山
　　　　是日東京初雪
　　　　多桑無語

畫面配合著 SEGA 最常哼的〈流浪之歌〉。SEGA 的戀日情結，他並沒有親口說明，而文健也只能從對父親的回憶裡去找尋線索。

　　我們不禁也想問，為何 SEGA 非戀日不可？重新回到他的生命經驗史裡探看，SEGA 在戰爭期時代出生，並且受日本殖民教育形塑，在戰後在文化經驗上又遭到摘除，沒有機會清理殖民經驗，還立即失去歷史和社會的主體定位，如同片名的副標題「借來的生命」，舊有的體制已離去，國民政府的新秩序結構裡，又不願意承認 SEGA 這群人歷史經驗的正統性，他們都被阻隔在歷史之外。面對環境劇變，每個人有不同的生命態度抉擇，有的轉向資本經濟的現實考量，如影片中的母親。但 SEGA 在家庭裡，因政治暴力造成經濟以及文化上的弱勢，失去對下一代應有的經驗教養、喪失傳統父親的權威性，也無法在歷史身分上進行言說，因當前所有條件下的欠缺，致使 SEGA 必須倚賴不斷的回顧，察覺自己曾有過的好感或是主體感，所以他在對現實中投

　　　　姓對於現代性的渴望。在日治時期臺灣民眾都曾體驗過現代化帶來的好感，但在國府來臺以後百姓生活更為艱苦，於是便對過去相對美好的時期產生「鄉愁」性的比較。然而，筆者以為多桑對日本事物呈現出的複雜情感，不全然是追求現代性的體現，更多的是由於在日本時代裡成長下所擁有的生命經驗，致使多桑呈現出戀日傾向。值得注意的是，面對國府時期的政治壓迫之下，也造成臺人戀日情感的傾向更加幽微複雜。參考：陳光興，〈為什麼大和解不／可能？〉，《去帝國：亞洲作為方法》，頁 204。

射出的日本想像都是美好的，這也造就他與現實感有所落差，形塑出一種獨特的差異性。不過，這種差異性反而可能轉爲主體性，保存了他們不能說的過去的線索。也因爲 SEGA 如此特殊的日本情結，使得政治社會走向開放之後，我們能從他的生命裡挖掘出這段在戰後被遺忘的歷史記憶，在兩者相互映照下，找出歷史矛盾進而思考。

小結

《多桑》（1994）企圖從對父親的回憶裡，將他的行爲與思想放置在當時的時代語境，突顯出當時產生的矛盾，進而發現被主流意識型態所壓抑的不安定因素。也正是多桑在戰後的失語，反證了自身的缺席和處於國府時代的邊緣狀態。

「多桑」曖昧的日本情感，正是殖民經驗的遺緒。他 16 年的皇民經驗在戰後被新秩序重新編織中，受到知識暴力的壓抑，在國民黨的歷史裡，他的己身經驗是空白，他的下一代，接受的是國民政府的教育，這樣的政治權力操作的知識暴力，也奪走他在家庭的言說權力，喪失做一位父親的角色。這樣無能的狀態，讓「多桑」頻頻回顧曾經的美好，他不願學習新的語言（北京話）、也不願轉向經濟生產，讓他成了與其他家人和時代的一個反差，最後他不願等待病魔判死刑，而選擇自殺。這樣的固執讓他有其獨特性，也因而保留在文健的記憶當中。「多桑」的獨特性，在現今開放的社會體制下，形成了一個探尋問題和答案的線索。而此片的意義也如同導演所說，重新認識自己的父親，重新認識「多桑」世代被覆蓋的歷史。

以記憶再現的方式，也容易召喚當時與「多桑」同輩的共同情感。在多篇對吳念眞的訪談中，都談及此片是少數擁有眾多 40 歲以上的觀眾，一種是像導演這種年紀的人，走進戲院裡去重新了解自己的爸爸；另一種是老先生們，進去後發覺自己被安慰了。導演自己也承認他拍的是他爸爸的故事，而他爸爸的故事亦是一個臺灣人的時代縮影。〔註 34〕吳念眞將視野投入到個人生命經驗史的小歷史中，重新發現大歷史中的缺頁部分，重新修復被遺忘的歷史記憶。

〔註34〕Darrell William Davis 訪問、葉月瑜譯，〈吳念眞訪談〉，《中外文學》28 卷 11 期（2000 年 4 月），頁 36。

第四章　殖民地武裝抗日與 族群歷史重述

第一節　臺灣義民的乙未割臺記憶： 《一八九五》（2008）

前言

　　2008 年電影《一八九五》繼《海角七號》（2008），持續這股國片熱潮，臺灣上映首週即登上票房冠軍。電影改編自客籍作家李喬的劇本《情歸大地》（2008），內容描述 1895 年乙未戰爭中，竹苗一帶客家村莊所發生的抗日故事。全程以客語發音為主，加上考究詳實的客家文化，展現十足的客家族群觀點。

　　筆者追溯《一八九五》（2008）的產製背景，發現該片與官方文化政策有著緊密關係，為解析本電影不可忽略的一個特點，行政院客家委員會與學界聯手開啓了這段短暫、重要卻鮮為人知的割臺戰爭記憶的詮釋工作，透過具有大眾化特質的電影媒介，企圖重新喚醒民眾對客家族群在這段歷史中的表現與位置。整體而言，這部電影由客家義民和義軍的「保家衛土」觀點省察乙未戰爭，不僅重新喚醒大眾對乙未戰爭的重視，是深化客家義民史觀的一次文化實踐，本片同時還嘗試兼融多元族群與多元文化的視角，值得討論。

　　本文首先探討《一八九五》（2008）這部電影產製的背景與過程，釐清電影中所再現的「義民」、「義軍」之於乙未戰爭的歷史意義，以理解當代客家

意識；第二部分探析電影如何透過客家族群在乙未戰役中的抵抗歷史，召喚抗日記憶，及如何利用「家」、「族」、「土地」的敘事策略，深化「保家衛土」的觀點；第三部份則是探究電影中另一個重要的族群敘事向度，即日人形象塑造之敘事意義。

一、乙未戰爭與義民史觀

　　洪智育執導的電影《一八九五》（2008），由行政院客家委員會及製片公司「青睞影視」共同合資出品。電影改編自李喬《情歸大地》〔註1〕的文學劇本，以客語為主要語言，上映後好評不斷，首周票房即獲冠軍。除此之外，還被選為臺北縣政府「山城影視節」開幕片、2008 年影評人協會十大華語片之一、2009 年臺北電影節華人影像精選單元。更於 2009 年時獲臺灣第 44 屆電視金鐘獎最佳攝影、新加坡亞洲電視節之最大獎最佳戲劇，並且入選國際影展第 28 屆「伊朗影展」，展現電影《一八九五》（2008）藝術成就的非凡實力。探究《一八九五》（2008）之所以能夠引起觀影熱潮，主要是因為政府政策主導行銷宣傳，使之得以在各類媒體前大量曝光。古佳惠〈媒體框架與客家意象：以電影「一八九五」為例〉一文中也注意到政府透過各種的行銷策略，強力宣傳電影之現象：

> 在政府政策的積極配合下，「一八九五」展開計畫性的行銷手法，除舉辦多場試映會，邀請抗日英雄姜紹祖的後代、總統馬英九、前副總統呂秀蓮、立法院長王金平，以及名模林志玲等名人共襄盛舉的參與外，也設立「一八九五」官方網站與部落格進行全方位的宣傳。電視與廣播媒體更是鋪天蓋地的展現渲染力，如客家電視臺、民視電視臺，以及大漢之音調頻廣播電臺，更精心策劃電影特輯帶領聽眾穿梭時空，重回臺灣曾經有過如此可歌可泣的歷史故事。〔註2〕

當時政治、文藝、娛樂等各界人士無不共襄盛舉，各地方政府也以文化政策配合鼓動和宣傳，譬如高雄市政府提出電影半價補助政策、苗栗縣政府則以免費公映的包場形式共同推波助瀾。《一八九五》（2008）一時蔚為潮流，廣受大眾熱烈迴響，相關網站湧入大量民眾的觀影感言，大多都是為這段鮮為

〔註1〕李喬，《情歸大地》（臺北：行政院客家委員會，2008 年 10 月）。

〔註2〕古佳惠，〈媒體框架與客家意象：以電影「一八九五」為例〉（桃園：中央大學客家政治經濟研究所碩士論文，2010 年 7 月），頁 85～86。

人知的臺民抗日史深受感動。〔註3〕從民眾的留言內容可以體察到，大眾對於電影的反應顯現當代社會一個特殊歷史現象，即對「乙未戰爭」歷史的結構性失憶，而這正是電影《一八九五》（2008）產製背景裡欲解決的歷史癥結。

　　該部電影的產製背景，可溯及 2005 年一場「乙未戰爭與客家」學術研討會。關於這場學術會議的緣起，籌辦人之一的范振乾撰文提到，1895 年乙未戰爭是客裔臺灣人為拒絕日本人統治，發揮 1786 年的義民爺精神「自力救濟、保衛家園」的抵抗行動，然而過去一個世紀多來，卻從未受社會各界應有的重視，教科書也幾乎隻字不提。〔註4〕言下之意，乙未抗日戰爭史實的多面性，在過去的社會公共領域裡，未被廣泛認知與討論，特別是這場抗日活動中最具力量的客家義軍組織，大眾對其相關歷史認識是有所闕漏的。有鑑於此，主辦單位客家委員會與相關協辦單位，希望能夠藉此學術會議重新審視 1895 年的抗日行動，探討客家族群所展現的族群性格以及抗日歷史意涵。〔註5〕我們可以透過以下的媒體文稿，理解行政院客家委員會主委李永得，如何定位這場研討會的位置：

> 李主委表示目前研究臺灣客家的歷史主要有兩個途徑，其一是著重追溯源流，探討臺灣客家文化的淵源與其他地方客家文化的傳承；其二是著重在地化的過程，研究客家族群移民臺灣之後的發展軌跡。他特別指出，透過學術研討論述乙未戰爭中客家族群所扮演的角色，就是研究客家族群在地化過程的重要切入點，有助客家人更認識自己也有助其他族群認識客家，進而有助臺灣建立多元文化、多元主體的社會。〔註6〕

換言之，官方策劃這場學術研討會，是希望能夠藉由重述乙未戰爭，建構客家族群的歷史主體性，達到深化臺灣客家文化的歷史意義。這場會議一共發表了八篇論文，核心主旨為乙未戰爭之於臺灣的關係與影響，多篇文章聚焦

〔註3〕　參考：客家電視臺，（來源：http://web.pts.org.tw/hakka/1895_2/send.php?&page =0，2009 年 5 月 4 日。）。

〔註4〕　范振乾，〈附錄〉，《乙未戰爭與客家學術研討會論文集》（行政院客家委員會主辦，2005 年 12 月），頁 12－1。

〔註5〕　行政院客家委員會客家電子報第 67 期，〈臺灣史上最大的一次戰爭：乙未戰爭研討〉，（來源：http://www.ihakka.net/epaper/94124/epaper.htm，2005 年 12 月 30 日）。

〔註6〕　同上註。

在客籍抗日義民作歷史人物的剖析與探討。綜觀整場會議的討論內容，主要呈現兩個歷史面向，一是重新定義客家「義民」的歷史意涵；二是進一步建構客家義民史觀，企圖擺脫過去以民族視角為主的歷史詮釋，由客家視角啟發另一新的歷史視野。

　　過去歷史學者在探討乙未戰爭時，大多以臺灣民主國為研究主軸。薛雲峰在〈臺灣客家史觀：以義民與 1895 乙未抗日戰爭為例〉一文裡指出，乙未戰爭的歷史，過去在民族主義詮釋視角之下，經常忽略義軍組織與戰爭之間的關係以及其客家族群的身份問題。他進一步提出如下的觀察：

> 有關乙未抗日戰爭的著述相當多，黃秀政也曾針對與乙未戰爭的中外文獻，做過廣泛的蒐集與整理，這些論述一般都是從「臺灣民主國」與「大中國」（清帝國政府）的連帶開始談起，採取的資料無非是清、日交涉馬關條約時的過程以及領導者唐景崧、丘逢甲與劉永福等人的身份及文告等等。所以這些論述大抵都不脫「一個主軸、兩種史觀」，所謂一個主軸指的「民族主義」觀點；所謂兩種「史觀」：一是指「大中國史觀」，另一是「脫中國史觀」；也顯而易見的，過去臺灣的歷史學者在解釋這場戰爭時，往往都忽視了「在地觀點」。〔註7〕

如前文所述，「客籍義軍」在這場戰役裡佔有重要位置，卻始終乏人關注。過去在黨國教育時期，大眾對於乙未戰爭的歷史認識，基本上是以中國本位的意識形態為敘事框架；薛雲峰也另外指出，在脫中國化並且試圖以臺灣意識進行立論時，多以臺灣民主國作為爭奪歷史詮釋權的論述場域，使得在乙未抗日活動裡最重要的兵力，即客家族群義民軍組織，在民族主義意識形態角力下的歷史敘述裡，皆不見其身影。〔註8〕

　　客家族群的邊緣處境，黃儀冠在《從文字書寫到影像傳播：臺灣「文學電影」之跨媒介改編》一書裡也提到，「當她在以客家文化視角檢視過去臺灣電影時，可以發現客家族群在當中的呈現，經常擺盪在大中國論述、臺灣意識、客家文化之間，客家族群的聲音及文化往往被壓抑與壓縮。」〔註9〕客家

〔註7〕薛雲峰，〈臺灣客家史觀：以義民與 1895 乙未抗日戰爭為例〉（臺北：臺灣大學國發所博士論文，2009 年 7 月），頁 6。

〔註8〕同上註，頁 26～29。

〔註9〕論者指出，到了 90 年代之後，客家影像才有較大的突破，譬如《青春無悔》就是嘗試以美濃在地化客家意識、以及客家視角去呈現客家族群在現代生活

族群在乙未事件中的重要性被忽略，是因爲沒有從臺灣本土的在地觀點、即從客家族群的視角去理解這段史實。有鑒於此，薛雲峰在客家義民軍與乙未戰爭之間找尋關聯性，以客家族群的在地文化觀點介入，意圖從義民史料爬梳義民源流建立「義民史觀」〔註 10〕，爲客家義民軍與乙未戰爭中的關係，建構出新的詮釋視點。

　　「義民」普遍被認爲是清領期間維持臺灣社會秩序的重要力量。〔註 11〕一開始並不限於特定族群，而是漳、泉、粵三籍人民，及原住民共同組成，後來卻成爲客家族群特定的標籤，這和客家人素習拳勇，驍勇擅墾有關。〔註 12〕在薛雲峰的義民史觀研究裡亦有相同見解：

> 清國駐臺官兵對民變或械鬥往往束手無策，百姓遇到叛軍或暴民無端侵擾家園時，不管是客家人或福佬人都會籌組「義民」予以對抗，不過從前述的幾個案例中，吾人不難看出客家庄的義民和其它地區的義民仍有顯著的差異，其中最明顯的區別就是客家義民軍是長期常備的區域性組織，相較之下，福佬莊的義民多半以臨時召募的游民散勇爲多。此外，從朱、杜反清開始，官府借助「義民」維持治安幾成慣例，事後也會封賞義民們官銜。意外的是，這種加官晉爵的作法，竟成了臺灣人仕進的捷徑。〔註 13〕

關於「義民」的源流演變極爲複雜，目前已有多篇論文專書研究討論〔註 14〕，

的處境及認同危機。參考：黃儀冠，《從文字書寫到影像傳播：臺灣「文學電影」之跨媒介改編》（臺北：臺灣學生書局，2012 年 9 月），頁 150～151。

〔註 10〕參考：行政院客家委員會編，〈評論、回應、綜合座談、與媒體報導〉，《乙未戰爭與客家學術研討會論文集》（行政院客家委員會主辦，2005 年 12 月），頁 11－3。

〔註 11〕薛雲峰，〈臺灣客家史觀：以義民與 1895 乙未抗日戰爭爲例〉（臺北：臺灣大學國發所博士論文），頁 165。

〔註 12〕蔡采秀，〈以順稱義：論客家族群在清代臺層成爲義民的歷史過程〉，《臺灣史研究》11 卷 1 期（2004 年 6 月），頁 1。

〔註 13〕薛雲峰，〈臺灣客家史觀：以義民與 1895 乙未抗日戰爭爲例〉（臺北：臺灣大學國發所博士論文），頁 186～187。

〔註 14〕參考：丁光玲，《清代臺灣義民研究》（臺北：文史哲，1994 年 9 月）。謝宏武，〈清代臺灣義民之研究〉（臺北：臺灣師範大學歷史所碩士論文，1994 年）。蔡采秀，〈以順稱義：論客家族群在清代臺層成爲義民的歷史過程〉，《臺灣史研究》11 卷 1 期（2004 年 6 月）。薛雲峰，〈臺灣客家史觀：以義民與 1895 乙未抗日戰爭爲例〉（臺北：臺灣大學國發所博士論文，2009 年 7 月）。孫連成，〈有關清代臺灣義民研究探析〉，《歷史教育》16 期（2010 年 6 月）。

本文在此無意詳述。我們可以從上述引文裡得知，在清領時期臺灣移墾社會的特殊生活型態下，義民是為了因應社會內部衝突、護衛家園，衍生出的保衛機制。那麼，義民軍為何又是以客家人居多呢？事實上，義民並不限定族群，義民軍的組成亦然，只是客家庄一直以來都有創立義民武力的慣性，關於客家族群的尚武風氣在史料上也多有記載。在朱一貴事變時，六堆客家庄創設的義民組織，成功發揮抵禦外敵之效力，自此義民組織在臺灣各地蔚為一股風氣，當社會出現民變，相繼就會出現義民武裝自衛團體組成，保家衛梓。

　　因此，這種為了穩定社會秩序，發展出具有自發性、地方性、自衛性的武力組織，當中所展現保鄉衛土的抵抗意識，即將義民之「義」視作一種生存方式的思考〔註15〕，成為這次研討會重新省視 1895 年乙未戰爭的發生與抗日行動的重要視角。

　　綜上所述，薛雲峰提出的「在地觀點」僅是客家式觀點的義民史觀，並未將之跨越族群作更廣深的立論，但是他從「義民」歷史尋找出一條脈絡及論點，卻為乙未戰爭提供了一個有別以往的歷史參照觀點。乙未戰爭研討會之後更計畫將議題影像化，因此客委會主委邀請客籍作家李喬撰寫劇本，並且出資千萬拍攝一部乙未戰爭的客家電影，企圖利用影像媒介將具有客家義民觀點的乙未戰爭歷史敘述具象化，以延續這場學術會議的議題。李喬在這場會議中感受良深，促使他在文學創作與政治思想產生更深入的思考，將義民史觀擴大格局為「義民精神」的文學理路，實踐於《情歸大地》的劇本創作之中。他在書序裡自言到：

> 乙未抗日的戰鬥，都是來自民間，居民百姓為保鄉衛民而戰，莊嚴而神聖。土匪來襲，全莊捨命抵抗，凡搶我田地房舍的就是土匪；1895 年海外來了「陌生土匪」，全島各地奮起戰鬥，動機用心完全相同。2005 年一場乙未戰爭學術討論會上，一年輕學者提出「義民史觀」之說，賦予義民新詮釋：保衛鄉民的民眾史觀，到此「義民精神」不再囿於客家，是為臺灣各族群所共有。〔註16〕

在官方多方協力的宣傳下，電影的能見度及相關討論大為提高，直接促進了觀影浪潮。乙未戰爭的歷史記憶透過文學與電影，共同落實文化政策大眾化

〔註15〕薛雲峰，〈臺灣客家史觀：以義民與 1895 乙未抗日戰爭為例〉（臺北：臺灣大學國發所博士論文），頁 172。

〔註16〕李喬，《情歸大地》，頁 4。

的實踐，在大眾之間重建了當代的歷史集體記憶，電影《一八九五》（2008）可以說是由行政院客家委會、學術單位及民間各界藝文人士，共同再生地方歷史、實踐在地文化加值與活化的成果。

二、「保家衛土」的抗日史實再現

《一八九五》（2008）劇情內容描述 1895 年乙未戰爭中，竹苗一帶客家村莊所發生的抗日故事。電影採用雙線敘事，一則以義軍統領吳湯興為主角，他率領客家人抵抗日軍的接收，另一敘事觀點則藉由近衛軍團日本醫官森鷗外的日記，提供另一個反思戰爭意義的觀點。電影雖然改編自李喬的文學劇本《情歸大地》，但改編即是再一次詮釋，不論是創作觀點、敘事策略或歷史意識等都有可能產生變異。李喬表示《情歸大地》是透過客家義民的抗日事件，進一步呈顯臺灣人共同的抗日記憶，終是情歸這塊臺灣土地，與書名題旨相互指涉；而電影《一八九五》（2008）則如螢幕上片名中的英文所示：「1895 in Formosa」，是從時間角度思索 1895 那一年乙未戰爭與臺灣客家族群的歷史記憶。

電影敘事所展現的歷史意識，延續文學劇本裡義民史觀「保家衛土」的核心思想。電影裡，當臺灣民主國成立以後，丘逢甲為募勇籌防以書信任命吳湯興擔任義軍統領，同時頭份的徐驤、北埔的姜紹祖亦帶兵前來共襄盛舉。然而吳湯興的母親卻不太贊成：

> 吳夫人：封你一個義軍，就要我們出錢出糧，還要出人去打仗？
> 吳湯興：國家有難，受丘逢甲先生和唐總統所託，不能不遵守承諾。
> 吳夫人：有難，男人應該留在銅鑼，保護家鄉，不是嗎？
> 吳湯興：阿母，您教導我們，這片土地是祖先辛苦開墾的。有人來搶都是土匪，現在東洋番來，就是海上的土匪。

對吳湯興而言，東洋番是外來異族，阻止日本帝國接收臺灣，是為了護衛家族與先祖的墾地。

另外前來聲援的徐驤與姜紹祖，同樣也心懷「保鄉衛土」的抵抗意識。徐驤開設武館教人練拳，在面臨割臺危機之際，他認為「打拳練武、保衛鄉土，拳就打在戰場上吧。」對徐驤而言，平時打拳練武就是為了保衛鄉土，此刻的東洋番猶如海上敵寇，護衛家園即當義不容辭。來自北埔金廣福的姜紹祖年僅 19 歲，從家鄉組織一隊「敢字營」，以「敢人所不敢，為人所不為」

展現青年壯士之義勇氣慨。導演運用多個景深鏡頭，我們可以從畫面看見屋外參與義軍報名的人民絡繹不絕，有人正在認真地練拳備戰，這些義民軍們面臨即將到來的戰爭，不露絲毫畏懼，反而為了「打走東洋番」同仇敵愾。

　　綜上所述，客家三傑加入抗日行動，一開始雖然看似由官方代表的丘逢甲徵召，事實上義軍的抗日意識展現出的是保護家園的自發性行動，為此他們儘管拋棄身家財產、還得自謀軍糧人力，仍不退縮。另外，我們可以發現官方正史裡的臺灣民主國、及相關歷史人物，在電影《一八九五》（2008）裡已被虛位化，僅以信件、字卡呈現，或在對話中提及。丘逢甲、唐景崧相繼棄臺內渡，吳湯興得知後，憶起幼年父親離家情景：「我六歲時，我阿爸丟下我們回去唐山，我還記得他那個頭也不回的背影，他本來就不是這塊土地的子孫，但我們要堅持下去，還要寫信拜託他們，再給我一點糧草、一點藥。」官員的背棄使吳湯興想起小時候被父親拋下的記憶，吳湯興認為不屬這塊土地的人，自然會遠去。相對而言，他清楚意識自己生命紮根於此，臺灣便是他的原鄉家園，因此更要堅忍下去。電影裡缺席的父親暗喻著父國的背棄，然而他們並未感到孤伶，他們將認同轉向對母土的想望，並且為後代子孫拚命護衛，試圖建立作為臺灣之子的父親典範，同時展現出客家族群自立更生、堅毅勇建的硬頸性格。

　　除了正面刻劃客家義軍的豪情壯志，這部電影的影像敘事裡也特別著重歷史環境、土地與人物情感的重建。正如電影海報上的一段宣傳文句：「一個男人對他家園的愛，一個女人對她男人的愛，而所有的感動，剛好發生在1895年的臺灣」，清楚扼要點出這是一部以愛情為基調的戰爭影片。電影製作人葉天倫也曾經提過：「由於資金的限制，本片在製拍之初便定位為以愛情，而非以戰爭為影片基調的電影」。電影透過黃賢妹於送糧途中遭搶匪劫掠，歷險歸來以後，吳湯興仍不畏流言履約迎娶，以兩人堅貞不渝的情義作為電影開場，黃賢妹婚後，以為一切風雲已過，能平穩過日，不料夫婿卻因為一封信要離家赴險與日人打仗，使得賢妹內心的不捨與擔憂自然流露：

　　吳湯興：姜紹祖才十九歲，老婆秋分前就要生了；徐大哥變賣了所
　　　　　　有的家產，就為了這一戰，賢妹！這是我該做的事！

　　黃賢妹：你有家，有老母，有孩子，要顧家業，還有教書，那這些
　　　　　　事情呢？秀才那麼多，為何是你當統領？怎麼不派個官
　　　　　　來？把天下人都託付給你。

> 吳湯興：賢妹，我會這樣做不是為了自己，是為了我們的子孫，就
> 　　　　算沒有人來找我，我還是要去啊！
> 黃賢妹：那我們呢？

當賢妹忍不住脫口問了：「那我們呢？」接著影像插敘她被擄的那段記憶，與她一同回來的丫環難忍謠言壓力，羞憤上吊，此事讓她深感內疚與自責。畫面再度回到現實，黃賢妹因為吳湯興的不離不棄，化解她生命裡的危機，兩人情份有著不凡的革命情感。同時，也形塑出吳湯興愛妻守諾、情深義重的客家男子形象。

　　進一步闡釋，電影裡的愛情敘事，為我們提供小我與大我兩觀點的比較視野，故事意涵由小我情意延伸為大我情義。同樣的，我們也可以在姜紹祖這個角色，發現導演運用多幕影像，表現他與妻子陳滿妹以及母親之間的真摯情感。譬如即將臨盆的陳滿妹因擔憂姜紹祖，總是淚濕衣衫。姜母則是呈現客家女子的堅毅，她已有兩子離世，僅剩姜紹祖在身邊，仍以社稷之義為大，將他交付出去引領義軍保衛鄉土；除此之外，亦有多幕描寫親人好友不幸戰死，生者如何撫屍痛哭的悲愴情景。劇中以親情、愛情、友情為緯，穿織在乙未抗日的歷史敘事裡，情感意象由情愛觀擴充至對家園、族群、以及為臺灣這塊土地的大義情操，在「捨得」與「不捨得」之間形成情感張力，成功刻劃出臺灣島上人民淒婉動人的血淚生命史。

　　「保家衛土」裡關於「家」的形式，正是以家人、家族的情感意象作為敘事主軸，然而環境的重建更是重要。《一八九五》（2008）的抗日敘事便是根植在土地、家族、族群層面。礙於資金短絀而不足以完成一部具壯闊史詩般的戰爭場景之電影，在無法執行大型戰爭場面的製作之下，只能轉以人文情感的呈現、以及詩意的文化意象作為補強。事實上，電影裡仍有不少義軍與日軍交戰的畫面，特別是他們第一次在竹林裡打游擊戰。那一幕戲主要刻劃義軍如何善用地形優勢，採取游擊策略，成功牽制日軍的接收行動。這一段落的記憶擇用與再現，充分展現導演詮釋乙未戰爭的在地觀點。影像裡吳湯興率領義軍從竹林裡向鏡頭走來，這裡導演採取偏仰角的完全正面鏡頭，象徵著義軍正面對抗、毫不退縮的英雄氣慨形象。此段落中，義軍在多數畫面裡大多位於地形的高處，日軍則是多處於低處，這些場面調度都暗示著義軍在竹林裡戰略地位優勢，影片裡只見日軍被引進竹林內便失去方向感，義軍則是因熟稔地形而展現出進退自如、無往不利的姿態。

　　「竹林」在影像敘事裡，不僅提供義軍作爲僻護之所，讓其隱身在內伺機而動，更成爲分散日軍隊伍、削弱日軍力量的最佳助力，使義軍在劣勢中初嘗勝利。這一場戲是電影裡最主要的戰爭場景，透過臺灣義軍與竹林的互動關係，企圖展現一種具地方性的歷史經驗。特別是竹苗一帶山林空間的再現，肯定了義軍與地方之間的關係，說明了這片山林是義軍賴以生活的場域，義軍是爲了捍衛其生存領域而群起抵抗；相較於日軍因爲不熟悉山林地形，顯得危機四伏的情況，揭示入侵者的「他者」身份。

　　《一八九五》（2008）藉由影像的地方敘事強化「保家衛土」的認同概念。這種具地方生活經驗的歷史敘事，成爲一個充滿批判性的基地，瓦解了中國國族大敘事，也諷刺了外交割讓合法說的帝國論述，是電影重述乙未戰爭最重要的影像論述。此處所指的「地方」不只是單純的地理空間，還具有「鄉土」的文化歷史意義指涉，范銘如在〈七〇年代鄉土小說的「土」生土長〉一文中對地方概念提出：

> 地方，即是能夠讓其居民產生內外互動與分際的所在。通過經驗與記憶，個體身分認同與地方空間獲得一致，建構起隸屬於當地的主體意識（想像），以兹區隔外地客。這樣的範域，不管是城市或鄉間，只要是夠大並足以維持人民的生活，就是鄉土。〔註17〕

電影《一八九五》（2008）正是藉由建構地方和地方感，提供客家族群身分認同的具像指認及歸屬。電影開場的建立鏡頭，是以樟腦寮〔註18〕的勞動情景爲敘事場景，透過文字註記與空間的提示，揭開客家族群抗日歷史的序幕。「樟腦」在過去不僅是客家人的重要產業，更是臺灣重要的經濟出口品項〔註19〕，在此「樟腦」的象徵符碼指向客家族群，同時也指涉臺灣土地。

　　地方爲人所經驗，而「家」是地方最基本的形式。電影《一八九五》（2008）

〔註17〕 范銘如，〈七〇年代鄉土小說的「土」生土長〉，《文學地理：臺灣小說的空間閱讀》（臺北：麥田，2008年9月），頁156。

〔註18〕 「爲了忠實呈現這段觀光產業歷史，劇組不但耗資百萬，買地搭建重要場景『樟腦寮』，且身爲客家子弟的美術指導許英光，更在施工耗材上把茅草或稻草搭配分的清清楚楚，將早年『提樟鍊腦』的客家產業完整呈現於大螢幕。」參考：盧家珍，〈從《一八九五》看臺灣電影的運作圖像〉，《新活水》22期（2009年2月），頁95。

〔註19〕 參考：林滿紅，《茶、糖、樟腦業與臺灣之社會經濟變遷（1860～1895）》（臺北：聯經，1997年4月）。

中的「家」除了前文所述提供情感交流，也經常用來描述生活經驗。透過「家」的再現，傳統客家庄的聚落型態也一同呈顯在影像中。其中最重要的地景，即客家傳統建築物「夥房」﹝註20﹞。「夥房」是客家先祖遷徙至臺灣以後，發展出的適地性建築，是客家族群集體性經驗與歷史記憶的重要象徵。電影裡常以俯角、特寫鏡頭展現「夥房」的建築特色，以及表現客家人於「夥房」中的生活日常，也曾以中、遠景的角度呈現「夥房」與自然環境間的關係。「夥房」的主要特色就是眾多人住在一起，其中廳堂空間的功能是祭祀，與宗族有關，宗族也有聯合防禦關係，而「夥房」建築本身也具備防禦功能作用，這更加印證客家庄的義民保衛的歷史特性，同時也展現出客家人團結的族群性格。

　　當男子都為迎戰日本人身處山林時，鏡頭會不時從山林以跳接方式回望客家庄，插敘在抵抗日軍的影像敘事間。客家庄的影像裡大多呈現婦女勞動生產，梳著傳統髮髻三股頭﹝註21﹞、身穿傳統服飾藍衫的客家婦女們，忙碌家務、養育小孩、甚至扛起鋤頭接替家中男人的農務工作，下田耕種，展現客家婦女堅毅耐苦的性格。我們可以發現，客家文化符號的呈現，不再是以扁平化、刻板化的個別展示，而是文化身分與地方空間的整體表述，同時透過人與自然環境之間的和諧共生景象，呈顯對土地的認同。相對於山林裡多變詭譎的不明朗狀態，「家」的鏡頭影像顯得平穩祥和，充滿臺灣傳統農業生活的鄉土之情。《一八九五》（2008）在具現客家族群在地歷史的過程，清晰照見了這些人在臺灣這塊土地的安適生活。人們安身立命之所在，正是土地的現實意義，地方與生命史已然是密不可分。

　　傳達人與土地和諧共生意義，不可忽略的一場戲，就是客家婦女群體在溪畔河邊染布之景。藍染染布披掛在架起的竹高架上，自然祥和、富饒詩意。此時，一隻馬突然闖入了畫面造成突兀感，客家婦女們受到驚擾，森鷗外也跟著進到畫面。畫外音為他的日記：「……看見一群放足的婦女在溪邊染布，有著遠離戰事的寧靜，希望地獄之火，不會延燒至此。」然而兵臨家園的此刻，已預見即將觸發的戰爭。在此，代表「寧靜」的和諧共生關係，就要因為日本帝國的入侵而遭到破壞。土地乘載客家庄的一切，即土地是人民生活、

﹝註20﹞　參考：曾坤木，〈客家夥房之研究：以高樹老庄為例〉（臺北：政治大學民族所碩士論文，2004年7月）

﹝註21﹞　盧家珍，〈從《一八九五》看臺灣電影的運作圖像〉，《新活水》22期，頁94。

行爲和經驗的媒介，也是其結果。〔註 22〕土地秩序若被破壞，那麼「家」的外部形式與內部精神也將面臨無以爲繼的危機。

家的危機往往暗喻整個鄉鎮或地方文化、傳統秩序的崩解。因此電影反覆出現這種文化身份認同的危機〔註 23〕。當姜紹祖服毒自盡以後，吳湯興領隊在河邊祭祀死去的義軍，曾激動地反問欲返家的義民說：「好啊、好啊，我們回去阿，我們回去阿，改東洋名、講東洋話、作東洋人，可以嗎？」、「這樣對得起死去的弟兄嗎？」而後眾人向死去的英靈跪拜磕頭，一同承諾堅持到底。此際，鏡頭特寫吳湯興的臉部，在他的額頭明顯覆上了一層褐色泥土。這個令人印象鮮明的額頭覆土之景，正是電影不斷塑造出的「忠義」象徵，對土地效忠生命、對家園展現情義，人與土地的關係被想像爲生命共同體。當土地被外人侵略，族群身份及傳統文化該何以爲繼？他們挺身捍衛家園，保土即保命（脈），以自我犧牲換取後代子孫的安居，抽象性的土地主權超越了個人有限生命，確立了土地崇高且獨立的地位。〔註 24〕這也是爲什麼吳湯興等人，即使在臺灣民主國瓦解後，仍堅持抵抗到底的原因。在此，通過人民自主的抵抗意向，揭示了乙未之年的武裝抗日行動背後，具有地方主體意識的歷史意義。

三、跨國族的歷史想像

電影《一八九五》（2008）以日軍接收臺灣作爲開場，但畫面不顯戰火敵對氣氛，而是以較爲輕鬆，甚至透過日人眼中的臺灣視角呈現。軍醫身份的森鷗外與北白川宮能久親王在電影裡皆以高級知識份子形象出場，他手裡握本書，氣定神閒地矗立在臺灣北海岸邊，哼著曲歌頌他所處的島嶼：「高砂，這個美麗島，我萬里迢迢來到這裡，展隻鷗翼，翱翔在波面。」，親王同樣對臺灣印象極好：「美景當前，心境自在。」、「福爾摩沙，臺灣。清國一定很捨不得，是吧？不知道櫻花生在這裡，長的好不好？」森鷗外回應：「若是移植野生種的山櫻花，應該比較容易適應。」如此詩意化的書寫，顯現日本是以馬關條約來「接收」臺灣，對照與臺灣人民對割臺的反應，兩者所處不一樣

〔註22〕范銘如，〈七〇年代鄉土小說的「土」生土長〉，《文學地理：臺灣小說的空間閱讀》，頁 167。

〔註23〕同上註，頁 164。

〔註24〕同上註，頁 167。

的立場。然而美其名「接收」，但遇上「眞正的本島人」抵抗時，便立刻「接收」定調爲「戰爭」，揭示「臺灣」之於日本帝國的俘虜性格，與「接收」背後的殖民主義暴行。

　　電影裡的森鷗外身份特殊，與親王一樣同爲留德歸國，象徵文化開化的新知識份子，同時他又是一位醫者，其多重身份使他對戰爭行爲保有更多的理性與自覺。面對無差別掃蕩、以及大量士兵因水土不服死亡，他內心質疑著戰爭的意義，並且認爲：「本島已經是我們的國土，人民也就是我們的國民……」森鷗外流露出的悲憫，點出影片欲傳遞的反戰觀點。然而，他對臺灣人民的關懷視角，卻含有複雜曖昧的視線，究竟是因爲把臺灣人民視作日本人而感到疼惜，抑或是以「人」爲本的關懷呢？反觀能久親王，則透露著反覆不定的情緒。透過他與森鷗外的對話，親王的內心想法被點描乍現，曾經被囚禁過的生命經歷，使「親王」身份揹負沉重的皇家包袱，在無法拋棄皇命的狀況下，僅能拋棄良知，在帝國主義與道德良知的選擇中拋棄自我，成爲屠村的劊子手，他也因此深深墮入愧疚的深淵：「讀過涅槃經裡所描述的地獄，沒想到這樣的景象，竟會在我手裡成眞」。隨著戰事的激烈與緊張，親王已不如影片前、中段那樣擁有自在心境，表情也逐漸冰鬱痛苦。在與森鷗外的對話裡，他看見自己於帝國擔任征討軍元帥造下的大量殺戮，罪惡感的折磨使他迷失方向。他與森鷗外都對戰爭帶來的傷害感到不安，最後他選擇「用最快的速度，讓這場戰爭結束，將全島平復。」決戰，是他認爲最好的方式。這種決定背後的意識是什麼？電影裡以一個快病死的日軍來突顯。日軍快病死時，懇求拜託森鷗外請告訴他的母親，他是戰死的而非病死。這種以戰死爲榮的觀念，背後正是軍國主義、民族主義操縱著日人個人意志的體現。這種暗藏在內的暴力，導演透過把日軍隊伍神秘化來演繹這種看不見的壓迫。電影裡幾次以日軍隊伍長驅直入隧道表示接收的進程，隧道裡日軍隊伍從有光的一處走來，我們只看見隊伍化作一團陰影逐漸逼近畫面，配上有點激昂、懸疑的音樂，形成一股沉重的壓迫力量。

　　森鷗外的隨行日記，在敘事中以線性時間交代的戰爭經過包含，日本軍隊的調度、行經地點、士兵狀況、交戰情況。軍隊的前進代表權力的擴展，亦即劇情動向的主要推力。在電影裡，康熙輿圖是清朝時描繪的臺灣地圖，具有國土被改編、割離至清國版圖的政治暗示。「地圖」在此展現的即是一種

權力象徵〔註25〕，我們也可以在電影《賽德克‧巴萊》（2011）裡多次看見日本軍官如何利用地圖對臺進行攻略、以及經濟掠奪。地圖的繪製已經成為一種支配者進行權力擴張的工具，是由繪圖者建構出來的，因此地圖揭顯出的世界，同時隱含繪圖者的行為意圖。地圖不再是客觀的知識承載，也不再只是一張紙，而是一個權力、利益角逐的場所。〔註26〕

　　森鷗外的隨行日記，以日本觀點看待臺灣與戰事的行進狀況，除了記錄軍隊推進狀態，亦有詩歌與隨筆記述臺灣風土民情，也包含了他對戰爭的觀點與心情。帝國凝視下的臺灣，物產豐饒；但是對於吳湯興等人而言，臺灣土地孕育他們家族的續存，呈現人與自然環境和諧的狀態。電影裡的康熙輿圖配合字卡表現宏大歷史的事件與時間，以清領時期的臺灣為視點，導演常於地圖出現時，以淡影疊置日軍的行進或殺戮的影像，呈現兩方交鋒的歷史情境。軍醫日記與康熙輿圖在電影裡的並置，除了表現兩個不同型態的帝國競爭之外，也呈現出無論哪一個帝國，國家權力對地方族群而言皆屬他者的事實。兩者的政治衝突，在兩宏大歷史時間底下，康熙輿圖代表的臺灣是清朝眼裡一個扁平的地理空間，在日軍日記裡的臺灣則是充滿帝國凝視的欲望客體，臺灣人的主體性都在這兩個觀點中被放逐，如同清國割地予日本，將臺灣島上人民棄決於外，所以電影刻意突顯立體的多元族群、立體的臺灣人情感反應。最後，在八卦山之役，導演以動畫方式，虛擬勢力懸殊的戰爭悲劇之後，卻逐一特寫每位奮勇抗戰的臺灣人臉孔，背景的康熙輿圖呈現燃燒狀態，清帝國的統治在砲火戰爭中消亡，也象徵臺灣脫離中國政權，然而飄零的過程竟是無數如螻蟻般知其不可而為之的犧牲。

　　隨著八卦山之役慘烈的激戰結束，日軍佔領了彰化，親王也走向生命的終結。他在臨死前誤見窗外飄進櫻花，將之握在手裡，事實上那是片南國落葉，這幻景充分暗示著國族主義的虛幻性。櫻花代表死亡的日本文化意涵，在此有呈現多重指涉。有親王的猶疑與罪疚、親王在異鄉的凋零、臺灣人民

〔註25〕林宜嫻曾指出：「地圖並不全然是真實的反應，而是一種社會建構，地圖作為不同取向的應用、繪製與社會權力的關係，了解到地圖做為一種再現的知識傳播工具，對於認知事物具有強大的形塑力量。其所傳達的訊息受到該時該地的社會文化脈絡影響，帶著某種特定的價值觀與目的性。如果地圖本身當作工具就是一種權力，誰來畫地圖，誰就擁有傳達的權力。」參考：林宜嫻，〈「地方地圖」之建構〉（桃園：中原大學建築所碩士論文，2005 年 7 月），頁 28。

〔註26〕同上註，頁 25。

義戰而死、被美化的戰爭侵略行動，一切一切都刺激觀者省思。劇末以森鷗外的畫外音作結：「戰勝並不是榮耀的事，凱旋隊伍應該以喪禮進行。」展開一個對戰爭極大的省視空間，導演對「戰爭」底下的集體與個人之間的衝突，展現了從族群跨越到國族的多層次思考。電影固然在對客家族群的抗日描寫極為正面，以作為族群建構的文化資本；另一方面，導演也藉由森鷗外，一個具有自覺的現代性主體，對乙未戰爭事件進行反省。

小結

　　過去對於乙未戰爭的歷史認識，在大中華史觀論述架構底下，多以討論丘逢甲、唐景崧、臺灣與中國（清朝）間的關係，以及馬關條約之後，被迫割臺的歷史過程、日本帝國的侵略惡狀等等。在臺灣意識逐漸高漲以後，抵抗中國意識的論述開始盛行，對於乙未事件的討論開始著重在臺灣島上的連結，做本土化的史觀論述。然而，過往的論述中多以漢族文化為主的論述觀點，造成對其他族群、譬如客家族群、原住民族群其文化觀點的排除。

　　80 年代「族群議題」逐漸浮上檯面，過去無論是中國意識，或是反中國意識的民族主義觀點，都未以「在地文化觀點」深入討論這些問題，譬如「義民軍」是什麼？為何以客籍人士居多？為何沒有人討論他們？為何教科書上沒有相關歷史知識？這一切的疑問，在行政院客家委員會的召集之下，將乙未事件與臺灣客家的問題意識，透過研討會的形式予以學術化，透過族群視角，重述乙未戰爭事件，企圖在臺灣歷史脈絡中重新定位。此外，除了在學院內建構以臺灣客家為主體的論述之外，更重要的是，行政院客家委員會更將這段歷史事件，量身訂製一部客家大戲，透過大眾化的文化實踐策略，重新召回這段失落的記憶，彌補過去黨國教育時期的結構性集體失憶。

　　電影《一八九五》（2008）討論的是客家族群於 1895 年的抗日歷史記憶。全片內容透過男女主角至情不渝的愛情，呈現犧牲小我之情，完成大我之義的悲壯情操，以刻劃客家義勇軍如何英勇抗日為主要敘事。此外，更進一步藉由森鷗外的日記描寫接收臺灣過程所發生的心情記事，展現乙未戰爭的日人觀點。在電影敘事裡，我們可以看見義軍的抗日行動軌跡是由家、族、到臺灣住民各族群的合作；從臺灣民主國到對地方自主的認識。透過歷史重述，乙未戰爭重新躍上螢幕舞臺。電影《一八九五》（2008）裡的一句臺詞：「我

不想忘記我自己是誰」。事實上這句話同時也是指向當代社會大眾，除了凝聚當代客家認同以外，電影透過聯合其他族群一致抵抗日本接收的設計，試圖消弭族群矛盾，更是具啓發性的展現。加上本土化的歷史敘事，突顯出臺灣主體特性，也有助於跨族群的認同召喚，以建構臺灣族群的多元文化主體論述。

第二節　影像中的霧社事件：《賽德克・巴萊》（2011）

前言

「霧社事件」是臺灣在日本殖民統治時期，最慘烈的原住民武裝抗日事件。這起歷史事件自 1930 年代以來，一直備受日本與臺灣各界的關注，經常是文學取材的對象。相關歷史記憶的呈現涵括史料記錄、文學書寫、以及電影拍攝，詮釋的角度也隨著時代更迭而有所差異。特別是在戒嚴體制解除以後，多重視角的介入探討，使霧社事件不再臉譜化爲民族抗日記憶。

過去對「霧社事件」的詮釋歷經日本殖民統治、戰後國民黨威權統治、解嚴後的民主政權，因牽涉不同的國家意識形態，有著不同的歷史詮釋。2011 年上映的《賽德克・巴萊》（2011）全程以賽德克語發音，從原住民的內部觀點進行詮釋，有別於以往被置於正史當中的論述，企圖將「霧社事件」從僵化的國族論述觀點中釋放。本節將探討該部電影如何透過內部觀點重新演繹霧社事件，首先探析「霧社事件」自 1930 年代以來，各時期在歷史上的位置與觀點；第二部分討論漢人導演魏德聖如何回歸族群本位，如何透過賽德克族的內部觀點，重新審視「霧社事件」；第三部份則是探討電影《賽德克・巴萊》（2011），在回歸族群本位的歷史視野之後，呈現出什麼樣的歷史意識？

一、霧社事件的多重歷史敘事

1930 年 10 月 27 日，被日本人視爲「蕃界第一大都會」的霧社地區，發生慘烈的武裝抗日事件，史稱「霧社事件」。溯其原因主要是該地域的賽德克族群，長期在日本實施不當的理蕃政策之下，遭受各種歧視、暴力的欺凌迫害，造成生存處境極爲艱困。除此之外，殖民主義政策更造成族群的文化命脈無法維繫，部落面臨了前所未有的危機，這些難以解決的困境致使霧社群

Tgdaya（德克達雅）〔註27〕與計約六個部落聯合計畫抗暴的獵首行動。「霧社事件」震驚日本內地與臺灣本島，甚至造成日本朝野的人事動盪。〔註28〕對殖民母國日本而言，霧社地區經過多年的文化改造，已是日人眼裡引以爲傲的「模範蕃社」，卻發生如此慘烈的襲擊行動，無疑是對日本自詡文明化的治理政策予以痛擊。事發之後，日本官方對事件的相關報導從嚴控管，意圖掌控言論、主導討論方向，事件輿論空間因此受到緊縮。〔註29〕目前研究霧社事件的第一手史料，仍以日本官方編撰的檔案資料較爲完整，值得注意的是，在這些文件當中，對於霧社事件的詮釋和評價雖有些許差異，但總體而言，這些歷史資料的詮釋，全是在日本帝國的殖民語境中所生成，換言之，這批官方史料的書寫視角全都立於官方的絕對位置。〔註30〕

　　前行研究中，臺灣總督府警務局編撰的《霧社事件誌》〔註31〕，被認爲是當前記載最詳細的調查報告書，內文細項條例事發原因，將霧社事件定位爲因「番人的野性」釀成偶發的「叛亂」事件，行動首謀直指莫那魯道。另一方面，日本殖民政府依據花岡二人留下的遺書內容，推論二人自殺原因，是未能及時阻止族人起事，爲失職疚責才自裁謝罪。當時官方爲了感念二人忠職情操，特地豎碑紀念，此舉可見日本官方積極維護花岡一郎、二郎受殖

〔註27〕賽德克族群主要分成德固達雅（Seediq Tgdaya）、都達（Sediq Toda）、德路固（Seejiq Truku）三個不同語群。郭明正，《又見眞相：賽德克族與霧社事件66個問與答，面對面訪問霧社事件餘生遺族》（臺北：遠流，2012年11月），頁30。

〔註28〕申惠豐在〈臺灣歷史小說中的土地映像──土地意識的回歸、認同與實踐〉一文裡提到：「此一事件引起了帝國中央政界的高度重視，朝野紛紛響起了質疑『霧社』的聲音，帝國議會爲此事件激烈論辯，臺灣總督以下的四位高官也因此事件而遭撤換。此事件在島內同樣引起的不小的震撼，不論是右派或左派的知識份子都視『霧社事件』爲反殖民運動重要成績，並藉此次事件進行自我檢討。此外，戴國煇認爲，『霧社事件』同樣爲島內的漢系知識份子帶來強大的震撼。」申豐惠，〈臺灣歷史小說中的土地映像──土地意識的回歸、認同與實踐〉（臺中：靜宜大學中文所碩士論文，2005年7月），頁133。亦可參考：春山明哲，〈昭和政治史上的霧社蜂起事件〉，收入《臺灣霧社蜂起事件研究與資料（上）》（臺北：國史館，2002年4月），頁181～214。

〔註29〕參考：松永正義，〈日本國內媒體界內的霧社蜂起事件反響〉，收入《臺灣霧社蜂起事件研究與資料（上）》（臺北：國史館，2002年4月），頁215～243。

〔註30〕參考：許鈞淑，〈霧社事件文本的記憶與認同研究〉（臺南：成功大學臺文所碩士論文，2006年7月），頁13～15。

〔註31〕臺灣總督府警務局編，《霧社事件誌》，收入《臺灣霧社蜂起事件研究與資料（下）》（臺北：國史館，2002年4月），頁476～708。

民政府教化下的「模範蕃」形象，並且駁斥二人可能是策劃者的傳言，以鞏固殖民統治的正當性。〔註32〕

　　戰後，隸屬國民政府官方的臺灣省文獻會修撰的「霧社事件」歷史，詮釋觀點則是力圖連結中國抗戰記憶，重新整編在黨國史觀的敘事框架之下。〔註33〕蕭阿勤在〈抗日集體記憶的民族化：臺灣一九七〇年代的戰後世代與日據時期臺灣學〉一文中，曾指出戰後三十年，即到 1970 年代前後，在臺灣社會的公共領域中，關於日本殖民統治時代的集體記憶，幾乎等於抗日的集體記憶。〔註34〕戰後關於日本殖民統治的集體記憶建構，他提出如下的觀察：

> 在戰後臺灣文化與政治發展的不同階段，關於日本殖民統治的集體記憶建構中，「抗日」經驗——尤其是日本殖民統治早期的武裝抗日——可以說居於核心位置。在這個被殖民集體經驗敘事中，實際上也以「抗日」的集體記憶建構與民族／國家認同議題的關係最密切。
>
> 〔註35〕

1945 年日本戰敗，國民黨政權接管臺灣，面對臺灣被日本殖民統治的經驗，視為是需強力廓清的「奴化思想」。國民政府藉由國家機器的運作與威權體制的掌控，建構一套以大中華民族為中心的歷史文化論述，積極進行「去日本化」、「再中國化」的文化重塑工作，以重建中國－臺灣的語言秩序。〔註36〕因此，國民政府在闡釋臺灣人過去的被殖民經驗，主要透過重建被殖民者的集體經驗敘事模式，作為整合民族意識與國家認同的重要憑藉。換句話說，在國民政府的威權體制下，臺灣人的殖民地集體記憶，特別是抗日經驗，被重新接合在中華民族抗日史觀的論述裡，建構出來的歷史記憶，則是為了統治意識形態、凝聚國族認同、以及強化歷史記憶的連續感。而 1895 年乙未戰爭、以及 1930 年代霧社事件的「武裝抗日行動」自然成為國族歷史「抗戰史

〔註32〕參考：許鈞淑〈霧社事件文本的記憶與認同研究〉（臺南：成功大學臺文所碩士論文），頁 14～15。

〔註33〕同上註，頁 36。

〔註34〕蕭阿勤，〈抗日集體記憶的民族化：臺灣一九七〇年代的戰後世代與日據時期臺灣學〉，《臺灣史研究》9 卷 1 期（2002 年 6 月），頁 181～238。

〔註35〕同上註，頁 185～186。

〔註36〕參考：黃英哲，《「去日本化」「再中國化」戰後臺灣文化重建 1945～1947》（臺北：麥田，2007 年 12 月）。

觀」的收編對象，作爲凝聚國族認同的象徵資源。這種戰後形塑的集體記憶，一直要到解嚴以後，才開始有所變異，才有機會容許他者發聲。

國民政府以民族敘事識別歷史事件的意義，霧社事件被定位爲有計畫性的民族革命起義，昔日，日本殖民政府指控的事件「元兇」莫那魯道，也搖身一變成爲抗日民族英雄。由於霧社事件悲壯淒婉、抗日形象鮮明，成爲了國民政府極力典型化的歷史經驗，使之負載民族意識的宣傳教化功能，助益國族認同的凝聚。國民政府甚至將莫那魯道與花岡一郎等，日治時期的抗日烈士入祀國家忠烈祠。值得注意的是，1973 年一份關於霧社事件的研究報告，對花岡一郎、二郎是否參與抗日事件一事提出強烈質疑，這份報告旋即在社會各界引爆爲「忠奸之辯」的熱議。〔註 37〕由於忠奸與否牽涉層面甚廣，不論是對官方、或是對遺族都造成極大壓力，省文建會找來史學權威學者定調這場論爭，最後認定花岡二人都曾實際參與霧社事件抵抗日本的行動，確定他們都是抗日英雄，都應該進入忠烈祠。〔註 38〕

這樁事件突顯國民黨政權的政治邏輯，在界定臺灣殖民地時期的歷史記憶是非常極端，在公領域裡忠誠於民族精神的抗日思想與行動，才是合乎正統的唯一解釋，若非則可能遭致「漢奸」汙名。另外，這場論爭也促成莫那魯道遺骨的歸葬，但是，關於歸葬過程的決議與執行，幾乎由官方全權強力主導，甚至拒絕遺族親屬盼能將遺骨迎回清流部落安葬的提議，而是決定在 1953 年興築的霧社抗日紀念碑內設立墓園，回歸典禮以國家層級的高規格儀式舉行，按漢人的喪葬禮俗安葬，全程伴隨著大批媒體的報導轉播，場面隆重盛大。

整體而言，戰後國民政府時期，關於霧社事件的詮釋，是建基在「中華民族抗日史觀」的論述當中，以塑造中國民族認同的歷史意識爲主要目的。透過抗日紀念碑、墓園的紀念空間、每年定期舉行紀念儀式的紀念行爲、以及編寫教科書、編纂國史的紀念文本，將霧社事件均質化爲國族史觀，在選擇性記憶與遺忘、在物質化和象徵化的過程中，實踐特定的集體記憶。

〔註37〕參考：吳俊瑩，〈莫那魯道遺骸歸葬霧社始末（二）〉，〔來源：https://tmantu. wordpress.com/2011/09/02/%E9%9C%A7%E7%A4%BE%E4%BA%8B%E4%B B%B6%E7%89%B9%E8%BC%AF-%E8%8E%AB%E9%82%A3%E9%AD%AF %E9%81%93%E9%81%BA%E9%AA%B8%E6%AD%B8%E8%91%AC%E9% 9C%A7%E7%A4%BE%E5%A7%8B%E6%9C%AB%EF%BC%88%E4%BA%8 C%EF%BC%89/，2011 年 9 月 2 日）。

〔註38〕同上註。

　　戰後文學界裡，關於霧社事件歷史記憶的再現，在 1950 年代劉枝萬已整理相關霧社事件的日文文獻，改編成一篇長文〈霧社事件〉，但是以圖書形式出版的文學作品，一直到 1977 年才出現陳渠川的《霧社事件》。「霧社事件」歷史研究與文學書寫，在戰後發展似乎呈現遲緩的狀況〔註39〕，周婉窈在〈試論戰後臺灣關於霧社事件的詮釋〉一文中，從世代與語言的視角對此狀況，提出以下觀察：

> 戰後臺灣由於統治當局實施強硬的語文政策，也就是以中文為官方和教育語言，思想、學術與文化一概以中文為表達工具，導致臺灣社會在語文傳承上的嚴重斷裂。其結果是，在日本統治時期完成教育者，絕大多數無法用中文表達，日後能用中文表達者，多數又無法閱讀日文資料，以及以日文撰寫的研究和文學作品，造成世代之間在認知上對臺灣之過去產生巨大的差異與隔閡。除了語文問題之外，統治當局（尤其是 1950 年以後）強力主控思想、教育和文化事業，非主流的看法和論述，空間非常小。在這種時代氛圍底下，臺灣的過去，不惟不受到重視，即使受到重視，也幾乎只有一種理解方式。〔註40〕

上述引文清楚指出，戰後臺灣人在文學書寫上所遭遇到的困境，即使初期能夠以中文書寫，對於霧社事件的探究，也難以跳脫是官方歷史意識的桎梏。同樣地，在電影的製作也反映出語言限制的狀況。

　　解嚴前以霧社事件為題材的電影共有兩部，一部是 1957 年何基明所導的《青山碧血》〔註41〕；另外一部則是 1965 年洪信德的《霧社風雲》。前者《青山碧血》是臺灣首部以霧社事件為題材的臺語電影，全片主要以反壓迫、民族抗暴的觀點呈現。該電影內容反映部分史實，在花岡一郎與二郎的角色塑造上，則是採取戰後抗日民族英雄的形象。根據何基明的說法，當時政府禁用日文，

〔註39〕參考：周婉窈，〈試論戰後臺灣關於霧社事件的詮釋〉，《臺灣風物》60 卷 3 期（2010 年 9 月），頁 22～24。

〔註40〕同上註，頁 21。

〔註41〕1937 年何基明自東京映畫科學校畢業返臺後，在臺灣總督府臺中州內務部教育課從事電化教育，因公務關係得以進出霧社部落，在與當地族人接觸後瞭解到霧社事件以後，有了拍攝動機。到了戰後，何基明仍持續蒐集霧社事件的相關資料。參考：〈臺灣電影中的原住民〉，《電影欣賞》（1993 年 12 月）66 期，頁 57～60。

他擔心大眾不懂原住民語言因而未考慮使用，對於中文則認爲自己沒有把握，會以臺語發音主要是基於大眾市場考量。而另一部《霧社風雲》，則是大幅改編霧社事件，劇情內容離史實甚遠。〔註42〕基本上是這兩部影片都以塑造「抗日民族英雄」以及「反抗殖民暴政」的觀點詮釋霧社事件，這類臺民起義抗日的影片，爲當時愛國電影中的抗日論述所收編，被歸爲愛國電影類型。〔註43〕

　　以上所述，無論是依照日文史料重新編寫，或是相關歷史書寫，都難擺脫官方、漢人本位的視野。部落觀點一直以來都是忽略，直到1990年代以後才有突破性的歷史詮釋，貼近部落內部的觀點，重新呈現霧社事件。主要代表人物爲鄧相楊、邱若龍、舞鶴，他們分別從報導文學、漫畫／紀錄片，以及小說等媒介呈現和過去詮釋大相逕庭的霧社事件。〔註44〕特別是邱若龍的漫畫作品，是以田野調查、訪談爲參照資料，周婉窈認爲該部作品很大的程度呈現出賽德克族群的內部觀點：

> 最值得注意的是，在這部作品中，看不到中華民族主義的書寫，反而是作者有意引導讀者認識賽德克族的傳統信念（如文面、出草等），以及族人起而反抗日本人的社會文化因素。〔註45〕

綜上所述，相關霧社事件的書寫，一直是以漢人做爲發聲主體，一直到2000年之後，賽德克人終於打破沉默，部落的聲音開始銜接起斷裂的歷史記憶。在「第七十屆霧社事件國際研討會」的公領域中，我們聽到賽德克族人不僅爲己正名，更從族群和解的角度談論霧社事件。Kumu Tapas（姑目‧荅巴絲）回到部落，蒐集族人訪談，並在2004年出版《部落記憶：霧社事件的口述歷史》（Ⅰ）（Ⅱ），以賽德克族族人的自述聲音展開不一樣的歷史敘事。〔註46〕

〔註42〕《霧社風雲》講述的是一位日警垂涎霧社之花阿美娜的美色，在她的新婚之夜侮辱了她，阿美娜羞憤跳崖自殺，其夫尋仇反遭武警射殺身亡。日人的壓迫終引起部落族人憤而起義，由花岡一郎領隊襲擊霧社日人，後來遭到大批日軍殘酷鎮壓，花岡等人見大勢已去選擇自殺了斷。參考：徐叡美，《製作「友達」：戰後臺灣電影中的日本（1950s～1960s）》，頁133。

〔註43〕參考：徐叡美，《製作「友達」：戰後臺灣電影中的日本（1950s～1960s）》，頁134。

〔註44〕參考：周婉窈，〈試論戰後臺灣關於霧社事件的詮釋〉，《臺灣風物》60 卷 3 期，頁29～36。

〔註45〕同上註，頁31。

〔註46〕同上註，頁43～52。

二、回歸族群本位視域

魏德聖與《賽德克‧巴萊》（2011）的淵源，起自一則新聞報導：

> 1996 年左右，從電視新聞看到一群原住民從花蓮到臺北抗議，說政
> 府侵佔了他們的獵場，印象很深刻。原住民的手很粗壯，眼神很銳
> 利。但在龐大的建築機關、馬路前面，人與車來來回回，卻很有無
> 力感。然後，你知道下一則新聞是什麼？1997 香港應該回歸給中國
> 還是中華民國！有點好笑，原住民在爭取不可能還給他們的土地，
> 臺灣在爭取一個不屬於臺灣的香港。我們失去的真的只有土地而
> 已？〔註47〕

魏德聖最後一句鏗鏘有力的反問，道出國族主義的荒謬性，以及一段被社會
大眾遺落已久關於原住民族的創傷記憶。1996 年魏德聖透過新聞畫面，見到
原住民族在「還我土地運動」中的抗議身影，如此「剽悍的外型」在現代國
家制度下卻顯得如此無助，如此巨大反差，讓他感悟到原住民族與現代性之
間的矛盾，當下一股「同情」之心油然生發。〔註48〕原住民的抗議事件促使
魏德聖進一步了解原住民歷史人物「莫那魯道」，他在得獎劇本的自序內文
中，曾提到他編寫電影劇本的動機：

> 隔天我好奇地走進書店裡去翻找一些關於霧社事件的書，仔細地看
> 過之後，我開始對我之前所謂的「同情」心態感到慚愧，這是一段
> 多麼驕傲的歷史啊！我心想，我當時的心裡真的這麼想：如果要讓
> 族群之間彼此尊重，最重要的事，是先真正去了解對方的歷史，每
> 個族群、每個人都有足夠令別人尊重、令自己驕傲的一段歷史。所
> 以我希望透過霧社事件的悲壯，能夠讓我們這些漢人朋友，重新學
> 習對原住民朋友真正的尊重，也希望讓原住民朋友重新拾回他們該
> 有的驕傲，所以我開始寫這個劇本。〔註49〕

在多處訪談中，魏德聖總是會提到他如何受到邱若龍的《霧社事件》〔註50〕

〔註47〕 家明，〈拍好電影魏德聖訪問：帶根帶土的藝文故事〉（來源：http://travel.sina
.com.hk/news/71/3/1/147541/1.html，2011 年 9 月 25 日。）

〔註48〕 魏德聖，《賽德克‧巴萊》（臺北：行政院新聞局，2000 年 11 月），頁 1。

〔註49〕 同上註。

〔註50〕 邱若龍，《漫畫‧巴萊：臺灣第一部霧社事件歷史漫畫》（臺北：遠流，2011
年 6 月）。

漫畫作品的影響，不僅激發他對「霧社事件」的研究興趣，更是他日後以電影實踐臺灣在地文化的契機。〔註51〕當他投入電影劇本創作時，卻發現霧社事件的史實極其複雜，讓他的劇本創作一度無法順利進行。當此之際，邱若龍正要拍攝一部關於Gaya、賽德克族、與霧社事件的紀錄片〔註52〕，他抓緊機會毛遂自薦，順利以無償義工的方式參與其中。拍攝期間，他跟隨邱若龍到部落裡親訪，與霧社事件的遺族接觸的經驗，大大擴展他對霧社事件的歷史視野。此外，1998年他又讀到鄧相揚的《霧社事件》〔註53〕，書裡詳列的資訊也有助於他建立起劇本的完整結構。〔註54〕

　　藉由魏德聖《賽德克‧巴萊》（2011）的創作歷程，可以發現1990年代的霧社事件書寫，對於他的創作影響深遠。我們進一步探討這批書寫，作品內容皆跳脫以往的官方立場，以及漢人本位的窠臼，作者都曾長期在部落裡進行田野調查，並以此所獲的資料與經驗作為創作基底，書寫視角深具族群的「內部觀點」。雖然仍以漢人的中文書寫為主，但已經可以從賽德克族為歷史主體，重新理解霧社事件。誠如周婉窈的觀察所言：

> 一九八〇年代可以說是戰後臺灣受完整中文教育的新一代漢人開始試圖從「內部」探索霧社事件的開始，他們的成果集中出現在一九九〇年代，將戰後臺灣人對霧社事件的認知提升到另一個層次。
>
> 〔註55〕

魏德聖也因跟隨邱若龍拍攝《Gaya：1930年的霧社事件與賽德克族》，得以進入部落，並且延續「內部觀點」為創作方向。先前劇本書寫時的混沌狀況，

〔註51〕「這劇本花了兩年多的時間，其中有四次是才寫不到一半就丟掉的。我不知道歷史故事是這麼的難寫，又要顧及歷史、文化的真實面，又要考慮到戲劇張力，更難是有關事件中的人物更是眾說紛紜，讓人不知如何取捨。因此我要特別感謝邱若龍先生，他不但讓我參與他霧社事件的紀錄片拍攝工作，並且提供了我許多相關的資料及老人家的傳聞，更導引我以原住民的角度切入整個歷史事件，我真的謝謝他。」魏德聖，《賽德克‧巴萊》，頁1。

〔註52〕邱若龍，《Gaya：1930年的霧社事件與賽德克族》，（新北：昇龍數位科技，1998年）。

〔註53〕鄧相揚，《霧社事件》（臺北：玉山社，1998年10月）。

〔註54〕參考：國立自然科學博物館，〈賽德克巴萊：文學、美學、與電影〉座談會，（來源：https://www.youtube.com/watch?v=-2eTA4T0wu4，2011年9月30日）。

〔註55〕周婉窈，〈試論戰後臺灣關於霧社事件的詮釋〉，《臺灣風物》60卷3期，頁35～36。

重新理解後變得豁然開朗，最後僅花了兩個月即速筆完成劇本。〔註56〕《賽德克‧巴萊》（2011）史詩般的敘事，透過霧社事件展現賽德克人生命信仰的驕傲，劇本類型特殊出眾，令評審眼睛為之一亮，獲頒2000年新聞局「優良電影劇本獎」。

　　《賽德克‧巴萊》（2011）從發想、劇本完成到電影上映，歷程耗費十多年。魏德聖在2003年舉債兩百萬完成5分鐘的試片以後，仍苦於資金不足，使得開鏡之日遙遙無期。他決定以小搏大，先行拍攝低成本的《海角七號》，2008年上映之後獲得空前迴響，總票房高達5.3億。《海角七號》（2008）的成功讓魏德聖拾回信心，重啟延宕已久的《賽德克‧巴萊》（2011）拍片計畫。

　　電影攝製過程除了資金短缺一直是個嚴峻的考驗之外，一部史詩劇作在歷史文化的演繹層面，也需要嚴謹考察。為了尋求賽德克族群的認同與肯定，魏德聖經常前往清流部落拜訪部落耆老，並且邀請霧社事件的賽德克遺族Dakis Pawan（郭明正）擔任電影的族語指導及文化總顧問。Dakis Pawan在《真相‧巴萊》中給予魏德聖謙虛、誠懇、尊重他人的評價：

> 我與導演之所以在工作領域頻繁接觸，以我個人的感覺，這是魏導演非常謙虛、誠懇又尊重別人的心性所趨。在拍攝現場，每每他遇到與賽德克族歷史文化相關的關鍵劇情和對白時，為求慎重起見，他都會抽空與我懇切地交換意見，再斟酌執導拍攝，充分展現出他的誠懇與真誠，以及他對劇本寫作的負責態度。在我看來，導演這樣的作為呈現出三個方面的尊重：尊重賽德克族的歷史與傳統文化、尊重現代的賽德克族裔、尊重我身為賽德克人且受邀擔任族語指導員的立意。〔註57〕

由引文可知，魏德聖在拍攝電影的過程中，對拍攝對象賽德克族極為尊重，慎重看待族人意見。當戲劇化的電影敘事，碰上賽德克族的Gaya問題時，不免讓導演陷入兩難。事實上，Gaya一詞難以用漢字思想的邏輯解釋，簡單地說Gaya是賽德克族人生命之最重要的生活依據。Gaya又被稱為是「祖先的遺訓」，部落裡的長者所傳述的神話內容、吟唱歌謠等等，在這些內容裡處處呈現原始社會對自然界的反應與尊重，都含有Gaya規範的隱喻，是日常生活實

〔註56〕魏德聖，《賽德克‧巴萊》，頁1。

〔註57〕郭明正，《真相‧巴萊：《賽德克‧巴萊》的歷史真相與隨拍札記》（臺北：遠流，2011年10月），頁179。

踐的依歸,亦是總體生命與精神價值的歸屬。當兩者可能有所干犯,唯有不斷地溝通與協商才得以獲得共識。魏德聖在拍片過程同樣遭遇到創作與史實兩難的困境:

> 每次拍戲碰到這類文化問題,就會產生很多無奈。戲劇歸戲劇,為什麼我在戲劇裡完成連紀錄片都做不到的事,而且這件歷史又眾說紛紜,每個人說法都不一樣。郭老師是跟著我們拍攝的顧問,如果我拍了,會不會讓他難做人?更何況這部電影就是希望得到族人支持倘若拍出來後,族人不支持,那我死命拍出來的目的是什麼?但如果都照族人的意見拍攝,這部片又喪失戲劇的精彩。總之,最後就這樣決定,而郭老師也同意,我就解套了。其實我的立場就是這樣,只要郭老師肯點頭,我就敢拍。〔註58〕

歷史電影最常碰上的質疑,就是虛構與真實的討論。海登懷特(Hayden White)所提出的「影視史學」概念中,認為以電影或電視書寫史學,更能表現某些歷史的現象,例如:風光景致、周遭氣氛以及複雜多變的衝突、戰爭、群眾、情緒等等。然而無論書寫或是影視展演都具有「虛構」成分。〔註59〕我們不禁對「真實」提出質疑,不論書寫或是影像是否能達到如實的呈現?可以肯定的是,不論真實與否都提供了對歷史的一種新的解讀方式。誠如馬克‧費侯在論及電影中的虛構與真實時所提到的,影片所呈現出的某些歷史現象,其價值在於他提供了一種社會與歷史角度的詮釋方式。〔註60〕

Dakis Pawan 在高度肯定魏德聖為了電影《賽德克‧巴萊》(2011)傾盡全力之餘,也不忘給與社會大眾一段真切的忠告:

> 縱使如此,導演最欠缺的是賽德克族的「部落經驗」,他不曾在賽德克族部落生活過,這也是多數非原住民國人的共同情形。藉此機會,我要懇切且鄭重地呼籲關心原住民的人士:「不要把別人對原住民的『知』當作自己的『知』,不要以自己對原住民有限的知,強行地『自我解讀』或無限地詮釋原住民。」〔註61〕

〔註58〕魏德聖著、游文興撰,《導演‧巴萊:特有種魏德聖的《賽德克‧巴萊》手記》,(臺北:遠流,2011年8月),頁203~204。

〔註59〕張廣智,《影視史學》(臺北:揚智文化,1998年10月),頁5~6。

〔註60〕參考:馬克‧費侯著、張淑娃譯,《電影與歷史》,頁43。

〔註61〕郭明正,《真相‧巴萊:《賽德克‧巴萊》的歷史真相與隨拍札記》,頁180。

這般的提醒與勸告是非常懇切，也其來有自。過往原住民歷史長期被汙名扭曲，相關的歷史詮釋都未以原住民族爲主體並給予尊重。對賽德克族人來說，「霧社事件」是一件難以啓齒的歷史傷痛，特別是後來發生了族內之間相互殘殺的「第二次霧社事件」。因此很多史實真相都隨著老人的凋零，深埋於沉默裡，深怕一不小心又會挑起族群衝突。換言之，「霧社事件」的提起極有可能挑起族群再次對立，這是族群最不願意看見的事，因此他們總小心翼翼地裹藏過去的記憶，或是寧可淨空歷史記憶。

《賽德克・巴萊》能在 2011 年出現且獲得大眾熱烈回響，並非是突如其來的結果。藉著回溯魏德聖的創作歷程，除了可以了解導演的關懷，也能觀照出社會運動、以及相關創作如何交互影響。魏德聖正是在這樣的歷史推進下，從原住民運動以及邱若龍、鄧相揚的歷史書寫中獲得思想性的滋養，在《賽德克・巴萊》電影中綻放其文化花朵，挖掘出伏流於臺灣社會地表底層的歷史記憶。

三、喚回祖先印記：霧社抗暴記憶再現

居於霧社地區的賽德克族，在日本殖民統治時期，被人類學家劃入泰雅族群之內，一直到 2008 年才正名回「賽德克族」〔註62〕，列爲臺灣第十四族。賽德克族依照語系分爲三個語群，分別是德固達雅（Seediq Tgdaya）、都達（Sediq Toda）、德路固（Seejiq Truku）。〔註63〕1930 年代由賽德克族人發動的

〔註62〕 值得注意的是，在 2000 年在「霧社事件七十周年國際學術研討會」上，賽德克族裔牧師 Sivac Nabu（高德明），以族語發表一篇〈非人的境遇：賽德克族看霧社事件〉，在表達自我身份時強烈聲明賽德克族並非泰雅族，高度展現賽德克族主體意識：「賽德克族是人！不是動物野獸！我們賽德克族不是泰雅族！我們的語言，沒有『泰雅』這個字彙，我們的傳統不曾說『我們是泰雅族』；而是傳統只認爲『我們是賽德克族！』這才是真正過去我們所承繼的傳統認同。日本人隨便把我們規劃在『泰雅族』裡，而賽德克族到現今仍然沒有權力被諮詢意見。我們賽德克族有三個語群：賽德克德奇達雅群、賽德克道達族、賽德克太魯閣族。我們決不是『泰雅族！』」參考：Sivac Nabu（高德明）口述、Walis Ukan（張秋雄）譯，〈非人的境遇：賽德克族看霧社事件〉《霧社事件：臺灣人的集體記憶》（臺北：前衛，2001 年 2 月），頁 59。關於「賽德克族」一詞，是由賽德克語「Seediq／Sediq／Seejiq」轉譯而來。作普通名詞時，代表「人、別人、人群、人類」之意；作專有名詞時，則爲賽德克族的自稱用語。郭明正，《又見真相：賽德克族與霧社事件 66 個問與答，面對面訪問霧社事件餘生遺族》，頁 30。

〔註63〕 根據 Dakis Pawan（郭明正）的說法，其中德固達雅、都達、德路固都是地區名稱，由於採取音譯的方式，因此可能會在他處呈現不同的中文書寫。而

「霧社事件」歷經日本殖民統治、戰後國民黨威權統治、以及解嚴後的民主政治，隨著政權的更迭與社會意識的變遷，牽涉不同的國家意識形態，事件的歷史表述也被捏塑成不同的歷史意識。賽德克族人自始至終都在沉默之中捱過傷痛，部落歷史的記憶一直伏流於公共領域的地表底下，解嚴以後，隨著原住民運動興起，以及原住民主體意識覺醒，才逐漸聽見霧社事件的部落聲音。

片名《賽德克‧巴萊》（2011）來自賽德克族語「Seediq Bale」。「Seediq」有指「人」或指稱「賽德克」族群，「Bale」是「真正的」意思。「Seediq Bale」即「真正的人」。值得留意的是，這句話含有「成為」真正的人，具有文化實踐之意涵。〔註64〕賽德克族德固達雅語群族人的伊婉‧貝林在〈賽德克‧巴萊的文化意涵〉一文中根據其族語的語境邏輯，更深入指出其中文化情境：

> Seediq（賽德克）在我們來說是「人」的意思，也是自稱，更是表達與我同類的這一群人的關係、範圍以及認同。而 Bale 則是「真正的」、「真的」、「土生土長」、「在地的」……等意思，例如，我們會說 Sama bale（原生種的菜）、bunga bale（在地的地瓜）、rodux blae（純種或原生種的雞）……等等，因此 Seediq bale（賽德克巴萊；真正的人）這個字，其實它的意義包含，土地的領域、族群的界線、在地的認同……它其實在說的就是我是誰？我的生命與這片土地是有關係的。……因此 Seediq Bale（賽德克巴萊；真正的人）的意涵，從 bale 這個字來看其宣告的意義，其實就是在說明我（Seediq）才是真正這裡的人，我是這裡土生土長的，我的生命與這裡的土地是有關係的。〔註65〕

由上述引文中，可以理解到 Seediq Bale 的語意指涉的是人與土地的關係，具有宣示及認同意味。在賽德克族神話與儀式裡，Seediq Bale 呼應著彩虹橋的神話。

「Seediq／Sediq／Seejiq」則是各語群稱呼本族的自稱用語：之所以呈現三種不同的書寫（記音）方式，是因為三個語群之間有「地方語音」聲調上的差異。郭明正，《又見真相：賽德克族與霧社事件 66 個問與答，面對面訪問霧社事件餘生遺族》，頁 30～31。

〔註64〕 申惠豐，〈臺灣歷史小說中的土地映像：土地意識的回歸、認同與實踐〉（臺中：靜宜大學中文所碩士論文），頁 75。

〔註65〕 伊婉‧貝林，〈賽德克‧巴萊的文化意涵〉，《人類學視界》7 期（2011 年 10月），頁 33。

賽德克族女子須認真織布、男子則須擅長打獵，如此雙手才能獲得紅色印記，這個印記能讓族人死後，安然度過彩虹橋回到祖靈之家，若否，則會被螃蟹靈丟到橋下，無法回到祖先家鄉，亦即死後要回去的獵場〔註66〕；除此之外，日常生活所有行為都需要恪遵祖先的遺訓Gaya，嚴謹守其規範，才能回到祖靈之家；總體而言，Seediq Bale是賽德克族人終其一生追隨的生命價值。〔註67〕

　　電影《賽德克‧巴萊》（2011）裡，正是透過「如何成為一位真正的賽德克人」，重新展開對霧社事件的思辨，尤其特別強調賽德克男子守護獵場的重要性。首先在片頭處，精心刻畫15歲的莫那魯道第一次成功執行「獵首」行動，獲得紋面資格，開門見山地點出賽德克族的文化核心。電影裡，莫那魯道獨自一人犯險跨越湍流溪水，將敵方頭顱馘下，並且在千鈞一髮之際逃離敵方追殺。鏡頭特寫他裸體的肌肉線條，以健美軀體讚嘆他的英勇氣概，讓戲劇添加不少張力以及人物的傳奇性。當他成為一名賽德克族戰士之後，紋面師在莫那的下巴上紋上以血印為記號的族群圖騰，並且叮囑著：「莫那！你已經血祭了祖靈，我在你臉上刺上男人的記號、守護獵場。在彩虹橋上，祖靈將等候你英勇的靈魂。」這個記號生前是部落勇士的認證，死後通往祖靈之家的憑藉。而「獵場」也成為電影裡重要的意象，藉由生命和土地的辨證，重新建構「霧社事件」的歷史敘事。

　　《賽德克‧巴萊》（2011）作為一部史詩性格的電影，內容自然牽涉到英雄色彩以及壯闊場景的呈現。但是影片取名為《賽德克‧巴萊》（2011）而非莫那魯道，採取的是族群集體的概念作為詮釋視點，電影畫面也多以俯角、遠景、移動鏡頭呈現山林景色、部落、族人的群體關係。值得一提的是，當莫那魯道在進行「獵首」行動時，之所以能在敵方萬千族人的追殺之下全身而退，是因己方族人的合力庇護和支援下才能順利脫身的。除此之外，莫那魯道回到部落，立刻受到全體部落的熱烈歡呼，在他被族人肯定之後，才能真正成為一名勇敢的戰士。如上所述，我們可以看到莫那魯道的個人榮耀是在部落裡的群體活動下完成的，事實上這也是依循著Gaya規範，亦即個人與族群是無法分割，強調個人生命是與部落之間是共享共存的。〔註68〕換言之，

〔註66〕伊婉‧貝林，〈賽德克‧巴萊的文化意涵〉，《人類學視界》7期（2011年10月），頁31。

〔註67〕同上註，頁31～33。

〔註68〕賽德克族依宗親的關係形成Gaya的祭祀與禁忌團體，依循Gaya規範制度行事，共獵、共祭共牲、共負罪罰，所以個人的生存必須仰仗團體，以集體的

莫那魯道在《賽德克・巴萊》（2011）雖然仍被設定為一位具有英雄氣慨、精神領袖的部落頭目，甚至將他安排進史實裡缺席的姊妹原事件和人止關事件，以增添他的傳奇性。魏德聖也試圖將莫那魯道「個性化」，特別是突顯他桀傲不遜的驕傲感。然而，導演的鏡頭並不全然停留在莫那魯道的英姿，仍然給予其他族人角色細緻的影像敘事，其他族人的臉孔也同樣清晰，並非僅是泛泛之見。

在前述的「獵首」影像為我們帶來幾個文化訊息，一是莫那魯道不凡的出場，再者是彰顯賽德克族特有文化 Gaya，最後是獵場與各部落族群間的競爭關係。

事實上 Seediq Bale、獵場、以及 Gaya 這三者在賽德克族語境下的理解，是一體位的關係，亦即前述伊婉・貝林所言「土生土長」的文化主體實踐。在《賽德克・巴萊》（2011）影像敘事裡的劇情鋪陳無不緊扣著「獵場」之於賽德克族的重要性。

《賽德克・巴萊》（2011）的開場，以日軍的現代化做表徵，展現其強國身份，他們以傲慢之姿攻破臺北城，帶領著現代化精銳軍隊的鐵蹄向臺灣的心臟推進。在日本人的眼中，沐浴皇恩的臺灣島是日本帝國的新版圖：「必須要讓島民不再有狹侮之心，誠心臣服在我太陽帝國之下，特別是由蕃族割據的心臟地帶，這裡的高山、林產、礦產，無限的寶藏……」。日本為了掠奪山中資源，開始興築鐵路，卻發生深掘事件。此後，日本帝國持續以軍力逼迫賽德克族人，運用軍警部隊及現代武器的集體暴力，征討未順服的賽德克族人，並且施以特別法，以警察系統深入山區殖民開發，掠奪山林經濟資源。〔註 69〕霧社被日本控制以後，一位日本警察居高臨下望著霧社滿意的說道：「教育所、醫療所、雜貨店……郵局、館宿、宿舍……整個霧社地區的蕃足，都已經被我們給文明化了，真的是不容易啊！很難想像這裡曾經是，這島上最黑暗的心臟地帶啊！」。然而，對族人而言，獵場的消逝，賽德克族人淪為木工苦役，「每天扛這種領不到錢的木頭」，生活陷入貧困。導演運用對

活動為最後目標。參考：鄧相揚，〈Gaya 與霧社事件〉，《霧社事件：臺灣人的集體記憶》，頁 107～112。

〔註 69〕邱寶琳，〈重讀「原住民族土地權」的現代性——由「蕃匪討伐」到「蕃地國有」的現代化反省〉，「2013 年全國原住民族研究論文發表會」論文（嘉義大學原民中心，2013 年 10 月 24、25 日），（來源：http://conference.masalu.org.tw/thesis.asp?mypg=2&p_class=6，2013 年，12 月）。

話方式，將文明化後的霧社實況顯現，展現自詡為文明的日本帝國的支配權力關係。

　　除此之外，部落經濟體制被改為貨幣經濟，族人生活並沒有因日人的的文明政策而改善，過往以物易物的生活，現在卻需要為金錢奔波。同時，建構一套他者知識，將賽德克族視為落後野蠻形象，急需被文明教化。這都使得以 Gaya 維繫的部落文化逐漸崩解，外來文化造成部落社會的衝突，族人困頓在傳統與外來文化的糾葛裡〔註70〕，譬如花岡一郎、花岡二郎，或是與日人親近的鐵木・瓦歷斯。在花岡一郎希望莫那魯道不要對日人出草時，莫那魯道激動的回應：「……被日本人統治不好嗎？被日本人統治好嗎？男人被迫彎腰搬木頭，女人被迫跪著幫傭陪酒，該領的錢全進了日本警察的口袋，我這個當頭目的……除了每天醉酒裝作看不見、聽不見，還能怎麼樣？郵局？商店？學校？什麼時候讓族人生活過得更好？反倒讓他們看見自己有多貧窮了！再20年就不是賽德克了！就沒有獵場！孩子全都是日本人了！」對白裡清楚地道出殖民主義的文化霸權，是如何剝削、壓迫賽德克族人，及部落文化在失去獵場後將無以為繼的困境。殖民現代性帶來的文明化，透過日警的訕笑、毆打、排擠，揭示出其中的歧視、暴力本質。電影裡不斷地透過對文明與野蠻的辯證，揭露日本的殖民政策是以現代之名進行土地掠奪、經濟宰制與文化破壞。最後終於引發起義抗暴的霧社事件，呼應著電影的廣告詞：「如果文明是要我們卑躬屈膝，那我就讓你們看見野蠻的驕傲」。

　　霧社地區被日軍佔領以後，失去土地權力的賽德克族，面臨到前所未有的生命困境。尤其是當殖民者以文明化重建賽德克族群的政治，文化、部落秩序，加速了賽德克族群 Gaya 的崩壞，使賽德克族面臨嚴重的族群危機。遇到這麼龐雜的暴力結構時，賽德克族人又該怎麼面對呢？以莫那魯道為主的族人用傳統文化「出草」解決。電影《賽德克・巴萊》（2011）將霧社事件的過程鉅細靡遺地拍攝出來，特別是出草儀式的獵首景象，毫不避諱流血場面，直接以影像刺激被現代知識所規訓的觀眾。電影裡的賽德克族群透過「出草」捍衛自身文化主體性，為自己奪回自主性，對賽德克族人而言，生與死是一體的，人死後將會回到祖靈的家，那裡也有一座肥美獵場，但是你必須要有守護獵場留下的血痕記號，做為通行認證，反之則會被驅逐。此外，他們會

〔註70〕Sivac Nabu（高德明）口述、Walis Ukan（張秋雄）譯，〈非人的境遇：賽德克族看霧社事件〉，《霧社事件：臺灣人的集體記憶》，頁36～44。

將獵到的人頭帶回家裡，成為祖靈一份子，有化解干戈、和解之意。電影裡莫那魯道在起義前如此說：「年輕人……讓祖靈寄居在你們的刀鋒中，把你們的仇恨寄存在雲霧間，行動吧！」巴萬對日本小孩們「出草」時也這麼說：「可憐的日本人……一起到我們的天家，當永遠的朋友吧！」。「出草」對日本人所持的文明視野來說是「殺戮」，然而在賽德克族群的文化觀點是解決事情的溝通方式，是以「和解」做思考，而非仇恨。〔註71〕在此，我們可以得到一個關於文明與野蠻辯證的視野，「出草」是文化、是部落之間解決事務的方式，而日本所施行的文明教化，卻包藏著剝削、壓迫、暴力。綜上所述，電影特寫整起霧社事件，解構族人過去長期在殖民話語下的他者形象，亦解除了現代性視野框架下的野蠻形象。

　　整起「出草」行動是一種自主性的展現，捍衛了賽德克族的文化主體。然而，隨著日本挾以軍事化武器的侵入，原始部落型態維持平衡狀態的方式早已轉變，倘若與之以武力對抗，恐將遭致毀滅性的滅族結果，因此也就出現所謂的主和派。

　　《賽德克・巴萊》（2011）裡的日人小島源治，有著與其他日人不同的形象描寫。在電影裡他是屯巴拉社駐在所警察，與賽德克族人特別是鐵木・瓦歷司維持著友好關係。有別於其他駐在所警察，他嘗試學習賽德克語和族人溝通，甚至學習打獵，融入族群內部關係。然而在霧社事件裡，他失去了妻兒，喪失家人之痛使他心境開始轉變，他唆使道澤部落加入味方蕃，追捕莫那魯道以及相關起義族人。值得注意的是，霧社事件發生以後，道澤人因小島是日人而欲殺他時，鐵木・瓦歷斯卻極力保全，並認為他是「好的日本人」，在這裡，導演試圖呈現殖民情境複雜曖昧的關係。鐵木・瓦歷斯他認為小島是好的日本人，但是在電影裡，他僅是一位相對不壓迫族人的日警，除了呈現出小島似乎因人性關係而產生仇恨，方唆使道澤族加入味方蕃，也突顯出殖民結構下不穩定的友誼狀態。

　　魏德聖曾經在一次訪問裡提到他對霧社事件的看法，他的的觀點如下：

> 戀「日」這件事在我的電影裡並不存在，戀「人」才是我要討論的。
> 同樣的，抗「日」在霧社事件裡也不見得存在，抗議的是一種「制度」、一個國家，而非只是一個民族。是一方的制度讓一方不能保有

〔註71〕沈明仁，《崇信祖靈的民族——賽德克人》（臺北：海翁，1998年10月），頁132〜149、223〜230。

自己的信仰。當雙方制產生矛盾的時候，就產生了反抗。〔註72〕

導演回歸「人」本視角，與孫大川曾經在〈山海世界：《山海文化雙月刊創刊號序文》〉中提到的，「對原住民而言，「山海」的象徵，不單是空間的也是人性的」〔註73〕，似乎有著相同的連結。導演回歸「人」為自由靈魂奮戰的角度理解霧社事件、理解賽德克族群文化，因此扭轉了過去官方立場的抗日史觀。導演的「戀『日』不存在」這席話提供我們一個歷史啟示，亦即過去以國族意識為要的抗日論述，與賽德克族人為捍衛自身文化主體而起身抗暴的歷史詮釋是完全不同的。清流部落的一位「大老」說，「日本人一來進行的政治統治，強制改變了他們的文化、習慣跟生活，一些年輕人血氣方剛，想要抵抗。『歷史課本說我們原住民抗日，我們不是抗日，我們是抗暴。』」〔註74〕巴萬・韃那哈（沈明仁）在《崇信祖靈的民族：賽德克人》一書裡也再次重申「霧社事件」的抗暴精神與意義：

> 透過霧社事件的精神，期盼我的族人與所有臺灣的原住民同胞們，
> 在優渥的生活中，要深思霧社事件的怒吼，是表達臺灣原住民受壓
> 迫、反奴役、爭主權、爭自主、爭尊嚴的訴求，更重要的是在嚴重
> 表達文化的綿延存亡與否！〔註75〕

魏德聖從族群本位視域重述霧社事件，將霧社事件從過去的民族論點釋放，同時連帶地鬆動了「抗日」、「親日」二元對立論述。過去主和派或「味方蕃」，一直被視為是與民族英雄莫那魯道相對的「親日」一方，這完全忽略了族群內部文化以及彼此交往的關係，及日人「以夷制夷」的殖民暴力。Kumu Tapas 在《部落記憶：霧社事件的口述歷史》一書，透過蒐集部落裡的個人記憶，呈現出多元面貌的霧社事件觀點。Kumu Tapas 在這些記憶裡發現「充滿流動性的關係是賽德克部落社會的特徵」〔註76〕，並且對「以夷制夷」政策提出如下的觀點：

〔註72〕 文天祥訪問、魏德聖述，〈從海角到山巔：魏德聖及《賽德克巴萊》〉，《印刻文學生活誌》（2008 年 12 月），頁 49。

〔註73〕 孫大川，〈山海世界——山海文化雙月刊創刊號序文〉，《臺灣原住民族漢語文學選集・評論卷》（臺北：印刻文學生活誌，2003 年 4 月），頁 52。

〔註74〕 轉引自周婉窈，〈試論戰後臺灣關於霧社事件的詮釋〉，《臺灣風物》60 卷 3 期，頁 56。參考：Annpo，〈旁觸霧社事件（2）：是抗暴，不是抗日〉，（來源：http://annpo.blogspot.com/2007/ 01/2.html，2007 年 1 月 3 日。）

〔註75〕 沈明仁，《崇信祖靈的民族：賽德克人》，頁 229。

〔註76〕 姑目・荅芭絲，《部落記憶：霧社事件的口述歷史（II）》，頁 156。

從部落社會的關係網絡來看日本的以夷制夷政策，至少可以釐清殖
民政權政策下的部落社會，在什麼樣的情境之下成為統治政策的工
具，無論是出於日人威脅利誘的方式，他們彼此間的歷史恩怨，以
及自我民族的性格使然，當然，他們在日化過程必然還有部份是出
於作為日本臣民的心靈。因此，他們在選擇「親日」與「抗日」立
場的過程，不能忽略他們同時交織著複雜多重的心理狀態。〔註77〕

上述引文提醒我們對霧社事件應該要有更多元的探究，絕不能僅以「親日」
和「抗日」二元視角觀之，當我們觀看霧社事件時，首要應以 Gaya 觀點來思
索。

　　電影在獵場爭奪的段落裡，總大量鋪述口傳敘述、部落歌聲、神話傳說
來喚回「部族記憶」與「霧社事件」之歷史記憶，無不提醒著觀影者關於文
化視角的重要性。對賽德克族來說，霧社事件是「反抗極權帝國主義的暴行
而出草起義」〔註78〕，民族抗日並非霧社事件的真正內容，因為過去他們並
沒有「民族」、「國家」這種現代性政治體制的觀念，有的只是部落式的政治
經驗，他們的日常生活須依奉 Gaya 而行。

小結

　　「霧社事件」一直是備受關注的研究議題。日治時期的「霧社事件」被
官方視之為野蠻未開化的行動，隱藏著殖民主義的暴行；戰後國民政府將「霧
社事件」視為民族式的英雄事件，利用國家機器的運轉，將抗日記憶結構化
為唯一解釋。解嚴以後，原住民的主體意識開始覺醒，原住民運動也隨之興
起，1990 年代以後開始出現族群內部觀點的歷史敘事，魏德聖正是在這樣的
歷史推進下，受到原住民運動以及邱若龍、鄧相揚等人歷史書寫的影響。

　　從影像敘事來看，導演以莫那魯道為敘事主線，考量角色在霧社事件中
是代表性的歷史人物，透過他演繹賽德克族群的重要部落文化「Gaya」，以省
視整個賽德克族群的歷史。換言之，莫那魯道本身就是一位極具說服力的「賽
德克巴萊」，由他來貫穿整部電影，使得影像敘事完整且飽含力量。此外，電
影也透過「獵場」的競逐，辯證賽德克族人與土地的關係，以貼近 Seediq Bale
土生土長的文化語境。

〔註77〕姑目・荅芭絲，《部落記憶：霧社事件的口述歷史（Ⅱ）》，頁 156。
〔註78〕Yabu Syat、許世楷、施正鋒，《霧社事件：臺灣人的集體記憶》，頁 224。

　　《賽德克‧巴萊》（2011）闡述了文明與原始部落的衝突，及殖民現代性帶給賽德克族的滅族危機，透過文明與野蠻的辯證，揭示出日本以文明為名的種種暴行。深山裡的賽德克族，以「出草」抵抗殖民主義帶來的壓迫，捍衛自身的文化主體性。《賽德克‧巴萊》（2011）藉著刻劃日人形象，呈現跨越國族想像，重新思考日本與臺灣的關係，展現更寬廣的觀察與批判。電影企圖從賽德克族的主體文化觀點重述「霧社事件」，解構長久以來負載的「民族抗日」神話、消彌被投射在身的國族欲望。

第五章　結　論

　　本章將總結前四章的觀點與論述，再次說明解嚴後到 2011 年期間，臺灣電影中關於殖民地經驗的歷史敘事在解嚴後初期、90 年代與 2008 年以後的三個時期，呈現出的大眾歷史記憶、臺灣人集體情感和族群歷史重述，以及它們與後解嚴時代對話的企圖。

　　1987 年的解嚴打開了自由論述的契機，使得臺灣逐步邁向多元文化的社會情境。1970 年代鄉土運動的興起，強化了臺灣本土的認同論述，促發許多文學創作者開始在威權統治鬆動的 1980 年代，自覺性地對政治、社會、歷史進行反思。然而，臺灣電影遲至解嚴後才開始省思殖民地經驗，出現探討臺灣人的殖民記憶的題材內容，乃因電影檢查制度鬆綁較晚之緣故。

　　解嚴前夕，終於出品了一部講述臺灣人戰爭經驗的電影。《稻草人》（1987）可謂是第一部以大眾為歷史主體，以太平洋戰爭記憶重省殖民地經驗的電影。電影內容採用的鄉土喜劇形式，與臺灣文學與電影脈絡息息相關。過去在黨國機器運轉之下，歷史論述中的日本記憶，僅有「中日抗戰」為唯一的論述對象，關於臺灣殖民地時期的記憶，除了抗日論述以外都被排除。《稻草人》特有的反諷（irony）美學，為嚴肅的殖民地歷史經驗、及現實政治權力箝制社會言論底下找出一個破口，透過平易近人的寫實風格，傳達了臺灣人民受殖民壓迫的戰爭記憶，其既悲又喜的影像表現，相當具有戲劇性，上映之後受到廣大迴響。然而，這樣的迴響緣於被壓抑的歷史記憶，得以重新以大眾藝術的形式出現在公共場域所致。這部電影召喚出臺灣人對走過這段歷史經驗的悲欣之情，對電影內容產生切身感，反映出解嚴前夕大眾追尋本土歷史的社會心理。

　　緊接著出現的《悲情城市》（1989），更是以「二二八」政治記憶挑戰國民政府的禁區。電影從拍攝到上映過程，掀起的政治、文化、社會效應，在在展示了《悲情城市》（1989）電影裡再現的臺灣經驗具有典範性，時至今日，該電影的討論也從未停歇。《悲情城市》（1989）的歷史敘事呈現出多種文化記憶的流動，這些記憶構築出戰後初期的臺灣歷史情境，導演以漢奸條例突顯出臺灣人文化身份的問題。除此之外，更透過美化日本記憶，建構一個與官方截然不同的論調，以人民記憶觀點出發，揭示戰後威權體制、中國論述下的國族意識和文化霸權，身負殖民地經驗的臺灣人民，在戰後中國國族主義唯一標準之論述下，如何被威權體制排除。透過被遺棄的臺籍日本兵、被緝捕的臺籍知識份子、受難家族的創傷經驗，電影試圖重構臺灣人的差異身份。侯孝賢特殊的歷史表述方式，以破碎記憶敘事與音畫辯證的美學形式側寫二二八事件，在電影播映後招致不夠「真實」的批評，隨後更引發廣大的文化評論，促發更多值得探討的現象。這些現象證明了《悲情城市》（1989）所呈現的新歷史想像，已經成為解嚴初期臺灣社會一個集體記憶回復、歷史詮釋交鋒的場域。

　　王童繼《稻草人》之後，持續省思影像之臺灣歷史再現的問題，1992 年《無言的山丘》探討臺灣人和其他異民族，在日本帝國統治下的異化經驗。電影形式延續他擅長的反諷悲喜劇，以寫實風格描繪臺灣礦工與底層人民如何受到殖民主義壓迫的荒謬、悲慘景況描繪而出。電影敘事從不平等的殖民資本主義經濟體制，揭示其剝削、侵略的暴力本質，關懷議題擴及階級、性別、異民族他者，展現了寬廣的歷史視野。電影裡的中日混血紅目以及琉球妓女，都呈現臺灣人、琉球人在日本殖民主義下無所依屬的身份認同；而那些懷想發財夢，汲汲營營於礦坑裡掘金的臺灣礦工與妓院女人，同樣都為支配者剝削身體和心靈不斷地勞動著。電影給予他們最後的結局不是死亡就是瘋癲，以無言的情境，嚴厲控訴殖民體制內的主體永無自由的事實。

　　1987 年的《稻草人》和 1989 年的《悲情城市》，前者以反諷（irony）的黑色喜劇呈現臺灣戰爭期景況，後者以國民黨遷臺後的「現時」回望日治的「彼時」，兩者在內容與形式上雖然有所不同，但都在殖民歷史與觀者之間拉開一段距離，不直接顯現傷口。到了 1992 年的《無言的山丘》卻撥開罩霧，以性、死亡、瘋癲的主題錐刺觀者感官，直接揭示日治時期的臺灣人及其它被殖民者在肉體與精神上的創傷。在歷史敘事上，這三部電影呈現出三點共

同特色。首先，在重新建構殖民歷史敘事時，都呈現出文化記憶多元並置的現象，日人形象的塑造也有所轉變，跳脫過去抗日愛國電影二元對立的論述。其次，在敘事上開始構築非典型身份認同的議題，例如《無言的山丘》（1992）裡的混血兒和琉球人等等，此外，加入階級、性別、族群等多敘事觀點也豐富了電影的層次和複雜性。最後，電影不約而同積極描寫臺灣的「土地」經驗，無論是地景挑選、場景陳設布置，都極為重視歷史感與地方感，並積極將空間與時間、即土地與歷史之間的關係重新接合。透過以上三種特色，這些電影都解構了國府時期單一文化歷史論述的神話，從殖民地的大眾生活記憶作為後殖民敘事、後抗日敘事的起始，以土地與人民的集體歷史經驗，重構具有主體意義之新歷史敘事。整體而言，解嚴後臺灣電影裡再現的殖民地歷史經驗，是以大眾記憶出土，隨之形塑多元歷史記憶的過程在發展著，它顯示人民記憶因電影媒介有了發聲管道，電影成為民眾記憶與官方歷史鬥爭的場所。

　　進入臺灣新電影退潮後的 1990 年代，此期間臺灣電影發展陷入低迷，但臺灣歷史題材的電影在美學形式和題材運用方面，卻有亮眼表現。簡要而言，這些電影同樣把握庶民記憶，但轉向更私人的自傳性題材，1993 年《戲夢人生》、1994 年《多桑》即是這時期的代表作。這兩部電影的關懷核心，從第二章的以揭露殖民暴行為目的，轉而進入被殖民者內部心理情狀的探討，彰顯出對臺灣被殖民世代集體經驗與深沈情感的關切。《戲夢人生》（1993）和《多桑》（1994）在形式和內容上都對歷史與記憶進行更深層的探究，以個人記憶的歷史敘事，展現出更深入、私密而糾結的記憶與情感，以突顯夾擊在兩種政權、意識形態政權之邊緣者的聲音，而那些如碎片般流動著的記憶，所形成的不確定性，也對歷史及歷史主體感受的真實性提出質疑。

　　《戲夢人生》（1993）講述臺灣戲偶大師李天祿的生命史。電影透過重組他前半生的個人記憶，呈現出日治時期臺灣底層社會的庶民生活形態。導演運用人與布袋戲的命運與興衰，映照出歷史情境與政治力的運作，並安插李天祿真人入鏡敘說，形成敘事上的斷裂感，進而辯證歷史與記憶之間的真實與虛構。侯孝賢企圖脫開國族歷史論述，形成電影的「疏離感」，他將鏡頭轉向底層大眾，以庶民記憶為歷史主體，透過日常生活經驗的表述，呈現他們在殖民統治下的堅韌與樸實。《多桑》（1994）則以皇民少年與國府少年相遇的矛盾，揭開「多桑一代」的後殖民情狀，即跨世代的記憶與情感問題。電

影講述一位父親在臺灣光復後的特殊戀日情結，電影藉由父親不斷湧現的日本記憶，展開一連串的思索與追問，究竟父親戀日原因為何？多桑的日本情結，是殖民經驗的某種遺緒，父親在家裡總是「無言」的形象，代表他不堪談論的歷史經驗，在戰後新國家體制裡遭到賤斥，造成與下一代的知識與情感斷裂。「多桑」文化身份認同的飄泊狀態，反映出的是一整個世代人無法及時言說的後殖民困境。

進入 2000 年後，以殖民經驗與歷史記憶為題材的紀錄片湧現，電影出品趨緩，直至 2008 年《海角七號》重新開啟電影熱潮，學者將此現象稱之後新浪潮，《一八九五》（2008）和《賽德克‧巴萊》（2011）更將此現象推波助瀾，持續為臺灣電影開拓新的歷史視野。這兩部影片皆探討 1895 年日本接收臺灣後發生的抗日事件，並以族群視角更細緻的探討臺灣人的殖民記憶。《一八九五》（2008）以客家族群的義民抗日史為主體，同時呈現客家族群與其他族群的合作，展現多元文化主義視角。電影中的歷史意識以本土化論述呈現，突顯「保家衛土」的精神，大力渲染歸根落土意象，在電影中土地是族群以及個人生命的寄託。而抵抗意識的形成，可以追溯自臺人開墾史的脈絡。臺灣母土哺育異鄉開墾者，使聚落蔚然，族群開枝散葉，抗日行動正是來自保鄉衛土的護衛機制。《一八九五》（2008）的產製來自官方與民間的合作，顯示當代客家意識積極介入客家族群歷史敘事建構的一面，透過重述乙未抗日事件，開啟一種以族群史觀為主體的歷史敘事。

《賽德克‧巴萊》（2011）同樣回歸族群本位視域，重述霧社歷史事件，企圖在漢族中心主義和黨國抗日史觀中開闢新的歷史詮釋。透過賽德克族群的文化與信仰之內部觀點，再次審視霧社事件對原住民族的意義，並且強調原住民族群歷史解釋的主體性。魏德聖從原住民的「還我土地社會」運動，體察到土地與原住民族的關係，引發他創作這部電影。過去霧社事件的歷史敘事都建構在國族主義史觀之下，完全看不見賽德克族的文化主體性。電影透過不斷強調族群的文化主體性，成功解構了國族歷史論述下的霧社觀點。

《一八九五》（2008）與《賽德克‧巴萊》開創族群歷史重述的可能，也突顯近來臺灣各族群積極建構自我族群的歷史經驗，臺灣電影顯然反映了當代社會的多種現實需求。除此之外，它們也都呈現了跨國族的歷史想像，對於日人形象都有深入描摹。前者藉由森鷗外日記顯露征服者的心情，展現乙未戰爭的日人觀點；後者則透過山地駐警與賽德克人的交往，點出日人的心

理變異。它們不約而同注意到日本以現代性對臺灣展現強大壓制力，因此都以 1895 這歷史性的一年作爲省察臺灣的起點。兩部電影都有別於前期以個人、家庭記憶的敘事模式，展現跨越國族層次的思考，對殖民者、臺灣人、乃至戰爭本質都有更寬廣的觀察和批判。

參考書目

壹、電影（依出版年為序）

1. 王童，《稻草人》（臺北：中央電影事業股份有限公司，1987 年）。
2. 侯孝賢，《悲情城市》（臺北：年代影視事業股份有限公司，1989 年）。
3. 王童，《無言的山丘》（臺北：中央電影事業股份有限公司，1992 年）。
4. 侯孝賢，《戲夢人生》（臺北：國際電影事業有限公司，1993 年）。
5. 吳念真，《多桑》（臺北：龍祥電影製作股份有限公司，1994 年）。
6. 洪智育，《一八九五》（臺北：青睞影視製作有限公司，2008 年）。
7. 魏德聖，《賽德克・巴萊》（臺北：果子電影有限公司，2011 年）。

貳、專書

一、中文專書（依出版年月為序）

1. 臺灣鑛業史編纂委員會，《臺灣鑛業史》上冊（臺北：臺灣省鑛業研究會、臺灣區煤礦業同業公會，1966 年 12 月）。
2. 焦雄屏，《臺灣新電影》（臺北：時報文化，1988 年 3 月）。
3. 王嵩山，《扮仙與作戲：台灣民間戲曲人類學研究論集》（新北：稻鄉，1988 年 5 月）。
4. 鄧相揚，《霧社事件》（臺北：玉山社，1988 年 10 月）。
5. 吳念真、朱天文，《悲情城市》（臺北：遠流，1989 年 8 月）。
6. 迷走、梁新華，《新電影之死：從《一切為明天》到《悲情城市》》（臺北：唐山，1991 年 5 月）。
7. 吳淡如，《無言的山丘》（臺北：麥田，1992 年 11 月）。

8. 朱天文、吳念眞，《戲夢人生：侯孝賢電影分鏡劇本》（臺北：麥田，1993年5月）。

9. 吳念眞、朱天文，《戀戀風塵》（臺北：遠流，1993年8月）。

10. 曾郁雯，《戲夢人生：李天祿回憶錄》（臺北：遠流，1993年9月）。

11. 涂照彥，《日本帝國主義下的臺灣》（臺北：人間，1993年11月）。

12. 陳儒修，《臺灣新電影的歷史文化經驗》（臺北：萬象圖書，1993年12月）。

13. 迷走、梁新華，《新電影之外／後》（臺北：唐山，1994年3月）。

14. 吳念眞，《多桑：吳念眞電影劇本》（臺北：麥田，1994年7月）。

15. 丁光玲，《清代臺灣義民研究》（臺北：文史哲，1994年9月）。

16. 陳儒修，《電影帝國》（臺北：萬象圖書，1994年12月）。

17. 林繼文，《日本據臺末期（1930～1945）戰爭動員體系之研究》（新北：稻鄉，1996年3月）。

18. 李天鐸，《當代華語電影論述》（臺北：時報文化，1996年5月）。

19. 王明珂，《華夏邊緣：歷史記憶與族群認同》（臺北：允晨文化，1997年3月）。

20. 林滿紅，《茶、糖、樟腦業與臺灣之社會經濟變遷（1860－1895）》（臺北：聯經，1997年4月）。

21. 劉現成，《臺灣電影、社會與國家》（臺北：揚智文化，1997年10月）。

22. 廖金鳳，《1997臺北金馬影展：國片專題影展節目特刊》（臺北：金馬獎執行委員會，1997年11月）。

23. 張廣智，《影視史學》（臺北：揚智文化，1998年10月）。

24. 沈明仁，《崇信祖靈的民族：賽德克人》（臺北：海翁，1998年10月）。

25. 鄧相揚，《霧社事件》（臺北：玉山社，1998年10月）。

26. 盧非易，《臺灣電影：政治、經濟、美學1949－1994》（臺北：遠流，1998年12月）。

27. 陳慈玉，《臺灣礦業史上的第一家族──基隆顏家研究》（臺北：基隆市立文化中心，1999年6月）。

28. 林文淇、沈曉茵、李振亞，《戲戀人生：侯孝賢電影研究》（臺北：麥田，2000年1月）。

29. 魏德聖，《賽德克‧巴萊》（臺北：行政院新聞局，2000年11月）。

30. Assayas,Olivier 等著、林志明等譯，《侯孝賢》（臺北：國家電影資料館，2000年12月）。

31. Yabu Syat、許世楷、施正鋒，《霧社事件：臺灣人的集體記憶》（臺北：前衛，2001年2月）。

32. 焦雄屏，《臺灣電影90新新浪潮》（臺北：麥田，2002年5月）。

33. 周婉窈，《海行兮的年代：日本殖民統治末期臺灣史論集》（臺北：允晨文化，2003年2月）。

34. 孫大川，《臺灣原住民族漢語文學選集‧評論卷》（臺北：印刻文學生活誌，2003年4月）。

35. 姑目‧荅芭絲，《部落記憶：霧社事件的口述歷史（Ⅰ）》（臺北：翰蘆圖書，2004年5月）。

36. 姑目‧荅芭絲，《部落記憶：霧社事件的口述歷史（Ⅱ）》（臺北：翰蘆圖書，2004年5月）。

37. 黃仁、王唯，《臺灣電影百年史話（下）》（臺北：中華影評人協會，2004年12月）。

38. 宋子文，《臺灣電影三十年》（上海：復旦大學，2006年1月）。

39. 蕭景文，《黃金之島：福爾摩沙追金紀》（臺北：玉山社，2006年6月）。

40. 陳光興，《去帝國：亞洲作為方法》（臺北：行人，2006年10月）。

41. 白睿文，《光影言語：當代華語片導演訪談錄》（臺北：麥田，2007年7月）。

42. 黃英哲，《「去日本化」「再中國化」：戰後臺灣文化重建（1945－1947）》（臺北：麥田，2007年12月）。

43. 張京媛，《後殖民理論與文化認同》（臺北：麥田，2007年12月）。

44. 陳飛寶，《臺灣電影史話》（北京：中國電影，2008年1月）。

45. 范銘如，《文學地理：臺灣小說的空間閱讀》（臺北：麥田，2008年9月）。

46. 李喬，《情歸大地》（臺北：行政院客家委員會，2008年10月）。

47. 郭越，《華語電影的美學革命與文化匯流：大陸、香港、臺灣新電影研究》（北京：人民，2008年11月）。

48. 鄒欣寧，《國片的燦爛時光：小野、王童、李安、李屏賓、吳念真、侯孝賢、楊德昌、楊貴媚、蔡明亮、陳昭榮、廖慶松的電影事件簿》（臺北：推守文化，2010年9月）。

49. 吳念真，《這些人，那些事》（臺北：圓神，2010年10月）。

50. 藍祖蔚，《王童七日談：導演與影評人的對談手記》（臺北：典藏藝術家庭，2010年12月）。

51. 邱若龍，《漫畫‧巴萊：臺灣第一部霧社事件歷史漫畫》（臺北：遠流，2011年2月）。

52. 張靚蓓，《凝望‧時代：穿越悲情城市二十年》（臺北：田園城市，2011年7月）。

53. 魏德聖，《賽德克‧巴萊》（臺北：平裝本，2011 年 7 月）。

54. 魏德聖著、游文興撰，《導演‧巴萊：特有種魏德聖的《賽德克‧巴萊》手記》（臺北：遠流，2011 年 8 月）。

55. 黃一娟、游文興撰，《電影‧巴萊：《賽德克‧巴萊》幕前幕後全紀錄》（臺北：遠流，2011 年 9 月）。

56. 郭明正，《真相‧巴萊：《賽德克‧巴萊》的歷史真相與隨拍札記》（臺北：遠流，2011 年 10 月）。

57. 徐叡美，《製作「友達」：戰後臺灣電影中的日本（1950s－1960s）》（新北：稻鄉，2012 年 8 月）。

58. 黃儀冠，《從文字書寫到影像傳播：臺灣「文學電影」之跨媒介改編》（臺北：臺灣學生書局，2012 年 9 月）。

59. 郭明正，《又見真相：賽德克族與霧社事件 66 個問與答，面對面訪問霧社事件餘生遺族》（臺北：遠流，2012 年 11 月）。

二、翻譯專書（依出版年月為序）

1. 馬斯賽里著、羅學濂譯，《電影的語言》（臺北：志文，1980 年 12 月）。

2. Giannetti, Louis D.著、焦雄屏等譯，《認識電影》（臺北：遠流，1993 年 2 月）。

3. Gurevitch, Michael 等著、唐維敏等譯，《文化、社會與媒體：批判性觀點》（臺北：遠流，1997 年 8 月）。

4. 又吉盛清著、魏廷朝譯，《日本殖民下的臺灣與沖繩》（臺北：前衛，1997 年 12 月）。

5. 馬克‧費侯著、張淑娃譯，《電影與歷史》（臺北：麥田，1998 年 9 月）。

6. Bordwell, David 著、李顯立等譯，《電影敘事：劇情片中的敘述活動》（臺北：遠流，1999 年 6 月）。

7. 矢內原忠雄著、周憲文譯，《日本帝國主義下之臺灣》（臺北：海峽學術，2002 年 4 月）。

8. 戴國輝編、魏廷朝譯，《臺灣霧社蜂起事件研究與資料》（上）、（下）（臺北：國史館，2002 年 4 月）。

9. 莫里斯‧哈布瓦赫著、畢然、郭金華譯，《論集體記憶》（上海：人民，2002 年 10 月）。

10. 呂彤鄰著、蕭聿譯，《大陸臺灣文化論壇：新電影與現代性》（香港：香港大學，2004 年 1 月）。

11. 荊子馨著、鄭力軒譯，《成為「日本人」：殖民地臺灣與認同政治》（臺北：麥田，2006 年 1 月）。

12. 呂赫若著、林至潔譯，《呂赫若小說全集》（臺北：聯合文學，1995 年 7

月）。

13. Bordwell, David、Thompson, Kristin 著、曾偉禎譯,《電影藝術：形式與風格》第八版（臺北：麥格羅·希爾,2007 年 12 月）。

14. 葉蓁著、黃宛瑜譯,《想望臺灣：文化想像中的小說、電影和國家》（臺北：書林,2011 年 8 月）。

15. 臺北金馬影展執行委員會著、何美瑜、陳逸軒譯,《光影的長河：影史百大經典華語電影》（臺北：田園城市,2011 年 10 月）。

16. 魏德聖著、伊萬納威譯,《賽德克巴萊賽德克語劇本書》（臺北：玉山社,2014 年 3 月）。

三、日文專書（依出版年月為序）

1. 川瀨健一,《台湾映画への招待：一夜にして中国人になつた多桑（父さん）》（奈良：東洋思想研究所,1998 年 1 月）。

2. 遠藤譽,《沖繩と台湾》（沖繩：沖繩県教育委員會,2000 年）。

3. 吳密察、黃英哲、垂水千惠,《記憶する台湾：帝国との相剋》（東京：東京大學,2005 年 5 月）。

4. 小山三郎,《台湾映画：台湾の歴史・社会を知る窓口》（京都：晃洋書房,2008 年 11 月）。

5. 星野幸代,《台湾映画表象の現在：可視と不可視のあいだ》（名古屋：あるむ,2011 年 8 月）。

參、論文

一、期刊論文（依出版年月為序）

1. 余光弘,〈泰雅族東賽德克群的部落組織〉,《中央研究院民族學研究所集刊》50 期（1980 年 9 月）,頁 91〜110。

2. 吳念真,〈電影的第一個觀眾：編劇〉,《幼獅少年》118 期（1986 年 8 月）,頁 70〜74。

3. 陳明順,〈人物篇：吳念真〉,《幼獅少年》118 期（1986 年 8 月）,頁 2。

4. 李詠薇、彭小芬訪問,〈臺灣「新電影」十七位工作者訪問錄：丁亞民、小野、朱天文、李佑寧、李屏賓、吳念真、柯一正、侯孝賢、張華坤、張毅、曾壯祥、楊渭漢、楊德昌、廖慶松、萬仁、陳坤厚、陶德辰〉,《電影欣賞》5 卷 2 期（1987 年 3 月）,頁 5〜16。

5. 黃建業,〈若隱若現的新電影精神：評介《戀戀風塵》〉,《文訊》30 期（1987 年 6 月）,頁 235〜239。

6. 李尚仁、林寶元,〈電影／歷史／人民記憶：專題〉,《電影欣賞》44 期

（1990 年 3 月），頁 3～61。

7. 李尚仁、林寶元，〈電影／歷史／人民記憶：專題〉，《電影欣賞》45 期
（1990 年 3 月），頁 3～53。

8. Stephen, Heath 著、李尚仁譯，〈脈絡〉，《電影欣賞》44 期（1990 年 3
月），頁 21～27。

9. 吳其諺，〈「無言的山丘」山丘無言人有情〉，《影響電影雜誌》34 期
（1993 年 2 月），頁 98～100。

10. 吳永毅，〈香蕉・豬公・國：「返鄉」電影中的外省人國家認同〉，《中外
文學》22 卷 1 期（1993 年 6 月），頁 32～44。

11. 吳其諺，〈有關「戲夢人生」的四個聯想〉，《影響電影雜誌》39 期（1993
年 7 月），頁 90～92。

12. 謝仁昌，〈我生命過程的一個報告：侯孝賢談「戲夢人生」〉，《電影欣賞》
11 卷 4 期（1993 年 7 月），頁 45～62。

13. 周樑楷，〈書寫歷史與影視史學〉，《當代》18 期（1993 年 8 月），頁 10
～17。

14. 周宗賢，〈大龍峒陳悅記小史〉，《臺北文獻》105 期（1993 年 9 月），頁
29～44。

15. Coser, Lewis A 著、邱澎生譯，〈阿伯瓦克與集體記憶〉，《當代》91 期
（1993 年 11 月），頁 20～39。

16. 王明珂，〈集體歷史記憶與族群認同〉，《當代》91 期（1993 年 11 月），
頁 6～19。

17. 林文淇，〈戲、歷史、人生：《霸王別姬》與《戲夢人生》中的國族認同〉，
《中外文學》23 卷 1 期（1994 年 6 月），頁 139～156。

18. 陳君愷，〈試評黃〔秀政〕著《臺灣割讓與乙未抗日運動》〉，《臺灣史研
究》1 卷 1 期（1994 年 6 月），頁 152～156。

19. 謝仁昌，〈凝視那一代的男人：吳念真談《多桑》及其他〉，《電影欣賞》
71 期（1994 年 9 月），頁 51～57。

20. 齊隆壬，〈臺灣電影的日本殖民記憶：《無言的山丘》與《戲夢人生》〉，《中
外文學》23 卷 6 期（1994 年 11 月），頁 114～123。

21. 王馨逸，〈作家吳念真：有老家的味道，一見鍾情〉，《錢雜誌》100 期（1995
年 2 月），頁 52～53。

22. 周婉窈，〈歷史的記憶與遺忘：「臺籍日本兵」之戰爭經驗的省思〉，《當
代》107 期（1995 年 3 月），頁 34～49。

23. 劉現成，〈放開歷史視野：重新檢視從八○到九○年代偏執的臺灣電影文
化論述〉，《當代》108 期（1995 年 4 月），頁 62～85。

24. 李喬，〈李喬看：評第二期小說「客途秋恨」〉，《臺灣新文學》3 期（1995 年 11 月），頁 244～246。

25. 黃櫻棻，〈長拍運鏡之後：一個當代臺灣電影美學趨勢的辯證〉，《當代》 116 期（1995 年 12 月），頁 72～97。

26. 米麗，〈戲夢人生〉，《新觀念》88 期（1996 年 2 月），頁 140～141。

27. 滕淑芬，〈說故事高手：吳念眞〉，《光華》21 卷 4 期（1996 年 4 月），頁 36～43。

28. 許炎初，〈論侯孝賢「戲夢人生」的電影詩學〉，《建國學報》15 期（1996 年 6 月），頁 1～13。

29. 陳明章，〈從「戀戀風塵」到「戲夢人生」：陳明章談歌曲創作〉，《中外文學》25 卷 2 期（1996 年 7 月），頁 139～145。

30. 王明珂，〈誰的歷史：自傳、傳記與口述歷史的社會記憶本質〉，《思與言》 34 卷 3 期（1996 年 9 月），頁 147～183。

31. 張尤娟，〈臺灣念眞情的故事：吳念眞專訪〉，《新觀念》97 期（1996 年 11 月），頁 36～37。

32. 王春源、黃森泉，〈論泰雅族祖靈 Rutux 之經濟倫理涵義〉，《中山人文社會科學期刊》5 卷 1 期（1997 年 2 月），頁 61～88。

33. 林素芬，〈蘸滿感情的筆尖：吳念眞導演專訪〉，《幼獅文藝》84 卷 3 期（1997 年 3 月），頁 13～17。

34. 蕭阿勤，〈集體記憶理論的檢討：解剖者、拯救者、與一種民主觀點〉，《思與言》35 卷 1 期（1997 年 3 月），頁 247～296。

35. 鄭恆雄，〈林燿德「1947 高砂百合」的歷史神話符號系統〉，《中外文學》 26 卷 8 期（1998 年 1 月），頁 120～155。

36. Browne, Nick 著、唐維敏譯，〈「戲夢人生」：侯孝賢的景色詩學〉，《中外文學》26 卷 10 期（1998 年 3 月），頁 16～26。

37. 沈曉茵，〈本來就應該多看兩遍：電影美學與侯孝賢〉，《中外文學》26 卷 10 期（1998 年 3 月），頁 27～47。

38. 江桂珍，〈試論泰雅族之身體紋飾〉，《國立歷史博物館學報》9 期（1998 年 6 月），頁 113～134。

39. 安力·給怒，〈驃悍不羈的抗日英雄：賽德克族〉，《新使者》46 期（1998 年 6 月），頁 36～38。

40. 江淑卿，〈臺灣處處有眞情：訪吳念眞〉，《普門》226 期（1998 年 7 月），頁 41～42。

41. 廖朝陽，〈現代的代現：從電影「多桑」看主體與歷史〉，《中外文學》27 卷 3 期（1998 年 8 月），頁 4～30。

42. 林文淇，〈斷裂的歷史・異質的空間：九〇年代臺灣都市電影中國家身分認同的消逝〉，《中外文學》27 期（1998 年 10 月），頁 99～119。

43. 葉月瑜，〈臺灣新電影：本土主義的「他者」〉，《中外文學》27 卷 8 期（1999 年 1 月），頁 43～67。

44. 吳成三，〈崇信祖靈的民族：賽德克人〉，《新觀念》125 期（1999 年 3 月），頁 114。

45. 沈曉茵，〈「電影鬥陣」與侯孝賢〉，《新聞學研究》59 期（1999 年 4 月），頁 153～154。

46. 蔣靜文，〈生命因旅行而真實：論吳念真《臺灣念真情》〉，《書評》41 期（1999 年 8 月），頁 13～16。

47. 林素英，〈流放者之歌：試論母職理論與「客途秋恨」中之母女關係〉，《中外文學》28 卷 5 期（1999 年 10 月），頁 45～59。

48. 列孚，〈電影：新片「天馬茶房」〉，《亞洲週刊》13 卷 44 期（1999 年 11 月），頁 108。

49. 吳競洪、王聲風，〈電影與歷史教育：以在臺放映商業片中日本人形象的轉變為中心的探討〉，《歷史教育》5 期（1999 年 12 月），頁 151～175。

50. 黃長興，〈東賽德克群的狩獵文化〉，《民族學研究所資料彙編》15 期（2000 年 1 月），頁 1～104。

51. Davis, Darrell William 訪談、葉月瑜譯，〈吳念真訪談〉，《中外文學》28 卷 11 期（2000 年 4 月），頁 33～49。

52. Davis, Darrell William 著、王智明譯，〈借用後殖民：「多桑」與記憶之礦〉，《中外文學》28 卷 11 期（2000 年 4 月），頁 7～32。

53. 陳光興，〈為什麼大和解不／可能？：〈多桑〉與〈香蕉天堂〉殖民／冷戰效應下省籍問題的情緒結構〉，《臺灣社會研究季刊》43 期（2001 年 9 月），頁 41～110。

54. 高萬金，〈從「媽媽臉上的圖騰」之研究探討紋面禮俗的神學意義〉，《玉山神學院學報》9 期（2002 年 5 月），頁 21～64。

55. 蕭阿勤，〈抗日集體記憶的民族化：臺灣一九七〇年代的戰後世代與日據時期臺灣新文學〉，《臺灣史研究》9 卷 1 期（2002 年 6 月），頁 181～239。

56. 王田明，〈泰雅族（賽德克族）獵頭風俗之研究〉，《社教資料雜誌》292 期（2002 年 11 月），頁 9～12。

57. 邱貴芬，〈文學影像與歷史：從作家紀錄片談新世紀史學方法研究空間的開展〉，《中外文學》31 卷 6 期（2002 年 11 月），頁 186～209。

58. 丸川哲史著、朱惠足譯，〈與殖民地記憶／亡魂之搏鬥：臺灣的後殖民心

理地圖〉,《中外文學》31 卷 10 期（2003 年 3 月），頁 29～42。

59. 陳俊豪,〈霧社事件：莫那・魯道的眼淚與憤怒〉,《少年臺灣》14 期（2003 年 7 月），頁 42～43。

60. 伊萬・納威,〈歌謠中的族語：「風中緋櫻：霧社事件」賽德克族傳統歌謠改編賞析〉,《臺灣原 YOUNG》1 期（2004 年 3 月），頁 18～21。

61. 周美淑,〈鏡頭下的尋寶圖：簡偉斯與郭珍弟的跳舞時代〉,《少年臺灣》22 期（2004 年 3 月），頁 100～101。

62. 劉亮雅,〈辯證復振的可能：舞鶴《餘生》中的歷史記憶、女人與原鄉追尋〉,《中外文學》32 卷 11 期（2004 年 4 月），頁 141～163。

63. 簡偉斯,〈我的許多第一次：「Viva Tonal 跳舞時代」側記〉,《聯合文學》20 卷 7 期（2004 年 5 月），頁 55～59。

64. 小野,〈Viva Tonal 跳舞時代：了解：我看跳舞時代〉,《聯合文學》20 卷 7 期（2004 年 5 月），頁 48～50。

65. 成令方,〈「跳舞時代」的阿公阿嬤〉,《聯合文學》20 卷 7 期（2004 年 5 月），頁 61。

66. 蔡采秀,〈以順稱義：論客家族群在清代臺灣成為義民的歷史過程〉,《臺灣史研究》11 卷 1 期（2004 年 6 月），頁 1～41。

67. 顏士凱,〈風情與萬種：「羅曼史」與「跳舞時代」〉,《電影欣賞》22 卷 3 期（2004 年 6 月），頁 96～102。

68. 許恩婷,〈賽德克族伊萬納威嫁給漢人漫畫家邱若龍〉,《中華文化雙周報》試刊 1 號（2004 年 11 月），頁 8～9。

69. 余玉琦,〈新詩：破碎之霧：霧社事件,與「賽德克・巴萊」試拍片段觀後〉,《幼獅文藝》615 期（2005 年 3 月），頁 77～79。

70. 黃慧敏,〈臺灣史詩電影：賽德克・巴萊：魏德聖籌拍「霧社事件」莫那魯道的故事〉,《新聞大舞臺》24 期（2005 年 6 月），頁 98～99。

71. 蘇子喬,〈「臺灣人」還是「中國人」：「悲情城市」與「香蕉天堂」中的國族認同及其對當前主流國族研究的啟示〉,《當代》101 期（2005 年 11 月）頁 98～125。

72. 邱貴芬,〈「日本」記憶與臺灣新歷史想像：以紀錄片《跳舞時代》為例〉,《東亞現代中文文學國際學報》2 期（2006 年 2 月），頁 80～95。

73. 黃美娥,〈差異／交混、對話／對譯：日治時期臺灣傳統文人的身體經驗與新國民想像（1895～1937）〉,《中國文哲研究集刊》28 期（2006 年 3 月），頁 81～119。

74. 姑目・荅芭絲,〈編織種族與性別交織的文路：從後殖民女性批判再現日治時期泰雅女性文本〉,《玉山神學院學報》13 期（2006 年 6 月），頁 137

～163。

75. 劉智濬、章綺霞，〈臺灣電影中的邊緣他者：漢人導演與原住民影像〉，《靜宜人文社會學報》1 卷 1 期（2006 年 6 月），頁 271～294。

76. 趙茜，〈對日本殖民的不同記憶：以《多桑》和《鬼子來了》為例〉，《焦作大學學報》4 期（2006 年 10 月），頁 30～31。

77. 吳念真，〈臺灣念真情〉，《日新》7 期（2006 年 11 月），頁 341～342。

78. 李曉菁，〈自然影像、環境想像與地方意識：《無言的山丘》〉，《中山人文學報》23 期（2006 年 12 月），頁 137～155。

79. 林文淇，〈「醚味」與侯孝賢電影詩學〉，《電影欣賞學刊》25 卷 2 期（2007 年 3 月），頁 104～117。

80. 謝杰廷，〈聽見 1933 年的「跳舞時代」：以敘事的時間性探論臺灣日治時期現代機械與技術的意涵〉，《臺灣音樂研究》4 期（2007 年 4 月），頁 39～54。

81. 余家彥，〈馘首、織布、文面：日本殖民下的泰雅族傳統身體文化變遷初探〉，《身體文化學報》4 期（2007 年 6 月），頁 13～42。

82. 劉育玲，〈神話的詮釋與運用：從姑目‧荅芭絲《部落記憶：霧社事件的口述歷史》中三則神話傳說談起〉，《臺灣文學學報》10 期（2007 年 6 月），頁 197～225。

83. 林姵霜，〈日本記憶：從電影中的歌曲解讀《稻草人》、《悲情城市》、《多桑》〉，《電影欣賞學刊》25 卷 4 期（2007 年 9 月），頁 192～214。

84. 董文桃，〈論日常生活敘事〉，《江漢論談》11 期（2007 年 11 月），頁 135～138。

85. 曾毓芬，〈論 Gaya 制約下的賽德克亞族音樂即興：以跳舞歌 Uyas Kmeki 為例〉，《關渡音樂學刊》7 期（2007 年 12 月），頁 93～129。

86. 伏飛雄，〈另一種讀史：「歷史題材」影視劇與中國大眾日常生活〉，《電影文學》24 期（2007 年 12 月），頁 26～27。

87. 耿德華著、郭秋雄譯，〈為兩代而舞的《跳舞時代》〉，《電影欣賞》26 卷 2 期（2008 年 3 月），頁 57～60。

88. 吳定謙，〈關於他的短劇：吳念真〉，《聯合文學》24 卷 7 期（2008 年 5 月），頁 114～118。

89. Tzara，〈海角七號：後臺灣新浪潮，新國片準復興代表作〉，《幼獅文藝》656 期（2008 年 8 月），頁 117～118。

90. 詹偉雄，〈「我們」與《海角七號》〉，《數位時代》173 期（2008 年 10 月），頁 46。

91. 饒紫娟，〈國片新浪潮：海角七號、囧男孩：在地故事激發共鳴〉，《小作

家月刊》174 期（2008 年 10 月），頁 43～45。

92. 應評玉，〈訪談《一八九五》：專訪導演洪智育、主角溫昇豪〉，《幼獅文藝》659 期（2008 年 11 月），頁 64～67。

93. 王明煌，〈期待臺灣電影的彩虹：我看電影《一八九五》〉，《明道文藝》393 期（2008 年 12 月），頁 65～68。

94. Dakis Pawan，〈賽德克族的「始祖起源」說〉，《臺灣原 YOUNG》29 期（2008 年 12 月），頁 52～57。

95. 高清慈，〈原住民特質文化：山林記憶、祖靈教誨〉，《檔案與微縮》91 期（2008 年 12 月），頁 27～36。

96. 張耀仁，〈父親，最最遙遠的人間條件：訪吳念眞〉，《聯合文學》25 卷 2 期（2008 年 12 月），頁 98～103。

97. 劉楨，〈一八九五客家人的歷史戰歌〉，《客家》222 期（2008 年 12 月），頁 12～15。

98. 薛雲峰，〈「義民史觀」之建構：析論臺灣一八九五年（乙未）抗日戰爭中之義民軍統領丘逢甲與吳湯興〉，《國家發展研究》8 卷 1 期（2008 年 12 月），頁 43～90。

99. 魏德聖，〈賽德克・巴萊〉，《印刻文學生活誌》5 卷 4 期（2008 年 12 月），頁 64～77。

100. 文天祥訪問、魏德聖口述，〈從海角到山巔：魏德聖及《賽德克巴萊》〉，《印刻文學生活誌》12 月號（2008 年 12 月），頁 49。

101. 石計生，〈影像與想像：海角七號與其他〉，《人籟論辨月刊》56 期（2009 年 1 月），頁 100～105。

102. 林泉忠，〈欲走還留的「去邊陲化」意象？：解讀《海角七號》中的「國境之南」語境〉，《明報月刊》44 卷 1 期（2009 年 1 月），頁 42～45。

103. 張耀仁，〈始終相信「愛情」：訪吳念眞〉，《明道文藝》394 期（2009 年 1 月），頁 49～54。

104. 陳良榕，〈吳念眞：世界大停電，解茫、療傷最重要〉，《財訊》322 期（2009 年 1 月），頁 118～121。

105. 鄭靜穗，〈Gaya 精神的展現與彰顯：論鍾肇政霧社事件系列書寫之詮釋觀點〉，《臺北教育大學語文集刊》15 期（2009 年 1 月），頁 133～165。

106. 羅融，〈作家李喬・義民史觀・電影【一八九五】〉，《人本教育札記》235 期（2009 年 1 月），頁 57～59。

107. 蘇惠昭，〈《海角七號》吹起了臺灣電影的號角〉，《新活水》22 期（2009 年 2 月），頁 50～53。

108. 盧家珍，〈從《一八九五》看臺灣電影的運作圖像〉，《新活水》22 期

（2009 年 2 月），頁 89～95。

109. 新活水月刊編輯部，〈為臺灣電影找活路：一起發現更多的《海角七號》〉，《新活水》22 期（2009 年 2 月），頁 48～49。

110. 蔡承翰、蔡智宇、江政弘、張邱豪、陳冠瑋，〈電影的影響與評論：以海角七號為題〉，《資訊傳播學報》網路中介傳播（2009 年 4 月），頁 135～142。

111. 吳念真口述，〈吳念真的劇場通俗感染力：「我想談臺灣社會已消失的那種情感……」〉，《財訊》326 期（2009 年 5 月），頁 103～104。

112. 吳珊妃，〈影像資料在歷史教學的運用：以電影《一八九五》為例〉，《歷史教育》14 期（2009 年 6 月），頁 295～314。

113. 黃瀚瑩，〈讀者十問：吳念真〉，《講義》45 卷 4 期（2009 年 7 月），頁 81～84。

114. 丁名慶、黃文儀、林木材、林君陽、薛西、朱安如、陳怡瑋、單忠倫、詹京霖、劉黎兒、楊照，〈從《海角七號》到《聶隱娘》：尋找臺灣電影的「故事力」〉，《印刻文學生活誌》5 卷 12 期（2009 年 8 月），頁 185～208。

115. 李彥祥，〈吳念真：生活就是我的場景〉，《北縣文化》102 期（2009 年 8 月），頁 38～41。

116. 蔡造珉，〈論從《情歸大地》到《一八九五》之差異性〉，《博雅教育學報》5 期（2009 年 12 月），頁 115～127。

117. 謝世宗，〈後現代、歷史電影與真實性：重探侯孝賢的《好男好女》〉，《中外文學》38 卷 4 期（2009 年 12 月），頁 211～241。

118. 邱子修，〈空間的在地主義、歷史的國家主義、還是社會的跨國主義？：《海角七號》的文化評析〉，《電影欣賞學刊》28 卷 2 期（2010 年 3 月），頁 185～195。

119. 彭小妍，〈《海角七號》：意外的成功？：回顧臺灣新電影〉，《電影欣賞學刊》28 卷 2 期（2010 年 3 月），頁 124～136。

120. 詹閔旭，〈從《海角七號》談草根臺灣想像的形塑〉，《電影欣賞學刊》28 卷 2 期（2010 年 3 月），頁 170～184。

121. 劉玉嬌，〈電影【一八九五】與原著《情歸大地》比較〉，《育達科大學報》22 期（2010 年 3 月），頁 1～18。

122. 黃惠禎，〈母土與父國：李喬《情歸大地》與《一八九五》電影改編的認同差異〉，《臺灣文學研究學報》10 期（2010 年 4 月），頁 183～210。

123. 吳傳國，〈臺灣原住民抗日戰史之研究：以霧社事件為例〉，《國防雜誌》25 卷 2 期（2010 年 4 月），頁 131～142。

124. 北村嘉惠，〈霧社事件關連文獻目錄〉，《教育史‧比較教育論考》20 期（2010 年 6 月），頁 74～107。

125. 陳翠蓮，〈2008 年臺灣史研究的回顧與展望〉，《臺灣史研究》17 卷 2 期（2010 年 6 月），頁 171～211。

126. 靳菱菱，〈族群認同的建構與挑戰：臺灣原住民族正名運動的反思〉，《思與言》48 卷 2 期（2010 年 6 月），頁 119～157。

127. 瓦歷斯‧貝林，〈Seediq Tgdaya 的傳統領域與文化場域〉，《臺灣原住民族研究季刊》3 卷 2 期（2010 年 6 月），頁 163～190。

128. 孫連成，〈有關清代臺灣義民研究探析〉，《歷史教育》16 期（2010 年 6 月），頁 137～213。

129. 林初梅，〈「日本」記憶的流轉：《梅花》、《稻草人》、《多桑》與《海角七號》反映的時代軌跡〉，《海翁臺語文教學季刊》8 期（2010 年 6 月），頁 15～22。

130. 周婉窈，〈試論戰後臺灣關於霧社事件的詮釋〉，《臺灣風物》60 卷 3 期（2010 年 9 月），頁 11～57。

131. 邱韻芳，〈狩獵、山林與部落「產業」：走進一對賽德克父子的生命史〉，《民俗曲藝》169 期（2010 年 9 月），頁 45～88。

132. 張泠，〈穿過記憶的聲音之膜：侯孝賢電影《戲夢人生》中的旁白與音景〉，《電影欣賞學刊》7 卷 2 期（2010 年 9 月），頁 33～47。

133. 陳金順，〈霧社事件小說的書寫策略：以《賽德克‧巴萊》與《餘生》為討論中心〉，《文學臺灣》78 期（2011 年 4 月），頁 244～273。

134. 謝世宗，〈悲慘世界中的喜劇視境：試論王童的臺灣三部曲〉，《清華學報》41 卷 2 期（2011 年 6 月），頁 375～402。

135. 余昭玟，〈空間再現與族群認同：論《一八九五》、《插天山之歌》之歷史與記憶〉，《東海大學文學院學報》52 期（2011 年 7 月），頁 121～141。

136. 陳煒智、劉新誠，〈史詩的聲音：好萊塢傳統，華語片實例，以及《賽德克‧巴萊》〉，《電影欣賞》29 卷 4 期（2011 年 9 月），頁 57～66。

137. 鄭秉泓，〈寫在激情過後：《賽德克巴萊》〉，《鹽分地帶文學》36 期（2011 年 10 月），頁 52～62。

138. 伊婉‧貝林，〈賽德克‧巴萊的文化意涵〉，《人類學視界》7 期（2011 年 10 月），頁 30～33。

139. 莊華堂，〈Gaya 魔咒下的男性復仇：《賽德克巴萊》評析〉，《鹽分地帶文學》36 期（2011 年 10 月），頁 63～72。

140. 李志銘，〈用清澈的目光，不帶偏見地去看待歷史：電影《賽德克巴萊》雜感〉，《鹽分地帶文學》36 期（2011 年 10 月），頁 73～77。

141. 瓦歷斯・諾幹，〈《賽德克・巴萊》之前：一位泰雅人的文史觀點〉，《印刻文學生活誌》8 卷 3 期（2011 年 11 月），頁 120～135。

142. 吳佰祿，〈「勇者再現：賽德克・巴萊典藏展」拾遺：由臺博館藏品看霧社地區的近代文化歷史情境變遷〉，《臺灣博物》30 卷 4 期（2011 年 12 月），頁 24～29。

143. 林一宏，〈總督的指尖：從霧社事件看警察官吏駐在所〉，《臺灣博物》30 卷 4 期（2011 年 12 月），頁 10～19。

144. 徐如林，〈能高越嶺道與賽德克族：霧社事件的舞臺和主角〉，《臺灣博物》30 卷 4 期（2011 年 12 月），頁 4～9。

145. 曾榮華、張雯秋，〈臺灣社會教科書中的霧社事件：從多元觀點分析〉，《教科書研究》4 卷 2 期（2011 年 12 月），頁 1～23。

146. 杜紅艷，〈作為文化的日常生活：赫勒日常生活概念解讀〉，《南昌教育學院學報》4 期（2012 年），頁 9～10。

147. 汪明輝，〈《賽德克・巴萊》所說／沒說的臺灣原住民：原住民觀點〉，《文化研究月報》125 期（2012 年 2 月），頁 106～152。

148. 林約道，〈從「賽德克・巴萊」談原住民的命運與使命〉，《新使者》128 期（2012 年 2 月），頁 8～10。

149. Watan Nomin，〈「賽德克・巴萊」現象的得與失〉，《新使者》128 期（2012 年 2 月），頁 11～13。

150. 莊佳穎，〈再／誤現 1895：電影《一八九五》的產製與消費〉，《臺灣學誌》5 期（2012 年 4 月），頁 85～110。

151. 藤井省三，〈臺灣電影《海角七號》中的童話理論：和西川滿日本撤退後第一作《青衣女鬼》的比較研究〉，《文史臺灣學報》4 期（2012 年 6 月），頁 9～23。

152. Pacidal, Nakao Eki，〈中間者之臉：《賽德克・巴萊》的原住民歷史研究者映像〉，《臺大文史哲學報》77 期（2012 年 11 月），頁 167～197。

153. 許建崑，〈風的選擇《賽德克・巴萊》的願想與困境〉，《師友月刊》545 期（2012 年 11 月），頁 103～107。

154. 宋秀環，〈是誰建構了霧社事件史觀：菁英與文本之間〉，《臺灣教育史研究會通訊》78 期（2012 年 11 月），頁 24～32。

155. 吳豪人，〈「野蠻」的復權：臺灣修復式正義與轉型正義實踐的困境與脫困之道〉，《臺灣人權學刊》1 卷 3 期（2012 年 12 月），頁 67～93。

156. 廖朝陽，〈災難與密嚴：《賽德克・巴萊》的分子化倫理〉，《文山評論》6 卷 2 期（2013 年 6 月），頁 1～33。

二、學位論文（依出版年月為序）

1. 王心賢，〈電影的結構主義神話分析以電影〈悲情城市〉為例〉（臺北：銘傳管理學院大傳所碩士論文，1994 年）。

2. 蔡佩娟，〈《悲情城市》的論述建構：市場行銷、類型與歷史敘事〉（新北：輔仁大學大傳所碩士論文，1994 年）。

3. 謝宏武，〈清代臺灣義民之研究〉（臺北：臺灣師範大學歷史所碩士論文，1994 年）。

4. 鄭麗玲，〈戰時體制下的臺灣社會（1937～1945）：治安、社會教化、軍事動員〉（新竹：清華大學歷史所碩士論文，1994 年 6 月）。

5. 楊雅慧，〈戰時體制下的臺灣婦女（1937～1945）：日本殖民政府的教化與動員〉（新竹：清華大學歷史所碩士論文，1994 年 7 月）。

6. 劉現成，〈一九六〇年代國家機器介入臺灣電影事業之研究〉（新北：輔仁大學大傳所碩士論文，1995 年）。

7. 王俐容，〈臺灣電影中國族論述的轉變〉（臺北：政治大學新聞所碩士論文，1996 年）。

8. 張玉佩，〈臺灣電影再現的社會規範與價值觀〉（新北：輔仁大學大傳所碩士論文，1996 年）。

9. 黃美鳳，〈侯孝賢電影暨其美學涵意初探〉（桃園：中央大學哲學所碩士論文，1999 年）。

10. 呂亭穎，〈侯孝賢電影風格研究〉（新北：華梵大學東方人文思想所碩士論文，2000 年）。

11. 陳景峰，〈國府對台灣電影產業的處理策略（1945 年～1949 年）〉（桃園：中央大學歷史所碩士論文，2001 年 6 月）。

12. 張世倫，〈臺灣「新電影」論述形構之歷史分析（1965～2000）〉（臺北：政治大學新聞所碩士論文，2001 年 7 月）。

13. 鄭玩香，〈戰後台灣電影管理體系之研究（1950～1970）〉（桃園：中央大學歷史所碩士論文，2001 年 7 月）。

14. 余昭玟，〈戰後跨語一代小說家及其作品研究〉（臺南：成功大學中文所博士論文，2002 年）。

15. 張雅娟，〈礦業山城的歷史記憶與生活空間研究：金瓜石紀實〉（嘉義：南華大學環境與藝術所碩士論文，2003 年 6 月）。

16. 廖褚彬，〈多階層殖民下臺灣文化實體之考察〉（臺北：臺灣大學法教分處政治學所碩士論文，2003 年 7 月）。

17. 古淑薰，〈台灣電影生產場域分析 1998～2003〉（新北：輔仁大學大傳所碩士論文，2004 年）。

18. 曾坤木，〈客家夥房之研究：以高樹老庄為例〉（臺北：政治大學民族所碩士論文，2004 年 7 月）。

19. 申惠豐，〈臺灣歷史小說中的土地映像：土地意識的回歸、認同與實踐〉（臺中：靜宜大學中文所碩士論文，2005 年 7 月）。

20. 林宜嫻，〈「地方地圖」之建構〉（桃園：中原大學建築所碩士論文，2005 年 7 月）。

21. 蔡蕙頻，〈外省族群的主體追尋：以臺灣電影為探討中心（1982～2000）〉（臺北：臺北教育大學臺文所碩士論文，2006 年）。

22. 許鈞淑，〈霧社事件文本的記憶與認同研究〉（臺南：成功大學臺文所碩士論文，2006 年 7 月）。

23. 依婉‧貝林，〈Utux、空間、記憶與部落建構：以 alangTongan 與 alangSipo 為主的討論〉（花蓮：東華大學民族發展所碩士論文，2006 年 10 月）。

24. 林文德，〈霧社事件影響三群族群關係研究〉（臺北：政治大學民族所碩士論文，2007 年）。

25. 林吉洋，〈敘事與行動：臺灣客家認同的形成〉（新竹：清華大學社會學所碩士論文，2007 年 7 月）。

26. 楊煥鴻，〈他者不顯影：臺灣電影中的原住民影像〉（花蓮：東華大學民族發展所碩士論文，2007 年 7 月）。

27. 傅素春，〈霧社事件的歷史、文學、影像之辯證〉（臺中：中興大學中文所博士論文，2008 年 1 月）。

28. 林妏霜，〈異質文化與記憶：解嚴後臺灣電影中的歌曲〉（新竹：清華大學臺文所碩士論文，2008 年 6 月）。

29. 陳淵秋，〈悲情城市：侯孝賢的迂迴卻無規避〉（嘉義：中正大學比較文學所碩士論文，2008 年 6 月）。

30. 廖子翔，〈1930 年發生於霧社的事件之空間與族群脈絡〉（臺北：淡江大學建築所碩士論文，2009 年）。

31. 薛雲峰，〈臺灣客家史觀：以義民與 1895 乙未抗日戰爭為例〉（臺北：臺灣大學國發所博士論文，2009 年 7 月）。

32. 廖師宏，〈侯孝賢電影中的青年群像與青春敘事〉（臺中：中興大學臺文所碩士論文，2010 年）。

33. 黃如鎂，〈客家電影《一八九五》在不同族群青少年閱聽人下的解讀研究〉（新竹：交通大學客家社會與文化所碩士論文，2010 年 2 月）。

34. 黃琬喬，〈尋找客家影像：臺灣電影中客家族群表現與形象分析研究（1973～2008）〉（高雄：高雄師範大學客家文化所碩士論文，2010 年 6 月）。

35. 古佳惠，〈媒體框架與客家意象之研究：以電影「一八九五」為例〉（桃

圍：中央大學客家政治經濟所碩士論文，2010 年 7 月）。

36. 吳昭英，〈乙未戰役中桃竹苗客家人抗日運動之研究〉（臺北：政治大學日語所碩士論文，2010 年 7 月）。

37. 何寶藍，〈觀看界面：臺灣電影的美學政治與視覺模式的轉化（1980～2010）〉（臺北：世新大學傳播所博士論文，2011 年）。

38. 徐叡美，〈戰後臺灣電影中對日本的印象（1949～1972）：從官方文化政策角度分析〉（嘉義：中正大學歷史所博士論文，2011 年）。

39. 張怡寧，〈歷史記憶建構的「民族」意涵：李喬臺灣歷史書寫的認同流變與文學展演〉（新竹：清華大學臺文所碩士論文，2011 年 2 月）。

40. 宋育成，〈全球化潮流與異質化策略：論《海角七號》與臺灣電影史的「臺灣性」在地想像〉（臺南：臺南藝術大學動畫藝術與影像美學所碩士論文，2011 年 7 月）。

41. 孫連成，〈客家義民形象與義民爺信仰的建構：文獻與影視的交融互證〉（臺北：臺灣師範大學歷史所碩士論文，2011 年 7 月）。

42. 劉雅婷，〈從賽德克人之歷史與其「Gaya」探討電影《賽德克‧巴萊》〉（臺中：中興大學歷史所碩士論文，2012 年）。

43. 杜胤廣，〈從《海角七號》到《艋舺》的媒體論述：分析臺灣電影生產文化的轉變〉（臺北：淡江大學大傳所碩士論文，2012 年 6 月）。

44. 徐儷綾，〈出草「霸權」，重發「原聲」：以《賽德克‧巴萊》爲例〉（臺中：中興大學臺灣文學與跨國文化所碩士論文，2012 年 7 月）。

45. 賴英泰，〈二十一世紀初期臺灣電影裡的論述與認同：以魏德聖導演的《海角七號》與《賽德克巴萊》爲例〉（臺南：長榮大學臺灣所碩士論文，2012 年 7 月）。

46. 蘇宇薇，〈泛泰雅族群口傳文學中的 Gaga 思想〉（花蓮：東華大學中語所碩士論文，2012 年 7 月）。

47. 許佳琪，〈電影創作團隊之群體創造力研究：一群深入生命彩虹的「巴萊」〉（臺北：臺灣師範大學社教所碩士論文，2013 年 1 月）。

48. 徐玉蓮，〈從電影《戲夢人生》解析侯孝賢的歷史意識〉（臺北：臺灣師範大學歷史所碩士論文，2013 年 8 月）。

三、研討會論文（依出版年月爲序）

1. 廖經庭、戴正倫，〈從「義民信仰」的建構看客家族群認同的想像〉，「族群關係與國家發展」學術研討會（中央大學客家學院主辦，2004 年 5 月）。

2. 行政院客家委員會編，《乙未戰爭與客家學術研討會論文集》，「乙未戰爭

與客家」學術研討會（行政院客家委員會主辦，2005 年 12 月）。

3. 李承機，〈殖民地歷史經驗中的「個人記憶」與「集體記憶」：戰後臺灣「歷史記憶」的構成與演變〉，「東亞知識交流與歷史記憶」國際學術研討會（東北亞歷史財團主辦，2008 年 12 月）。

4. 王萬睿，〈「客家電影」如何可能？從客家文化的在地實踐到文化創意產業的初步嘗試〉，「2010 文化研究學會年會「文化生意：重探符號／資本／權力的新關係」研討會（成功大學主辦，2010 年 1 月）。

5. 莊佳穎，〈浪漫的虛擬史詩：2008 年後臺灣電影中的戰爭記憶〉，「戰爭與社會」研究工作坊（中央研究院主辦，2011 年 12 月）。

6. 邱寶琳，〈重讀「原住民族土地權」的現代性──由「蕃匪討伐」到「蕃地國有」的現代化反省〉，「2013 年全國原住民族研究論文發表會」學術研討會（嘉義大學原民中心主辦，2013 年 10 月）。

肆、報紙文章（依出版年月為序）

1. 臺北訊，〈今年金馬獎展開角逐‧港臺精英盡出‧且看誰能入圍‧五十七部影片完成報名‧本月下旬公布提名名單〉，《聯合報》，1987 年 9 月 1 日，第 9 版。

2. 于毅，〈六部提名最佳影片評析〉，《聯合報》，1987 年 9 月 17 日，第 12 版。

3. 曹銘宗，〈王童笑中帶淚的政治控訴：稻草人悲憫日據時代臺灣農村荒謬的宿命觀〉，《聯合報》，1987 年 10 月 15 日，第 9 版。

4. 本報訊，〈焦雄屏看電影‧稻草人成功營造意象‧魚與炸彈豐富內涵〉，《民生報》，1987 年 10 月 28 日，第 12 版。

5. 焦雄屏，〈金馬往何方奔騰，評選應確立標準〉，《聯合報》，1987 年 10 月 30 日，第 3 版。

6. 梁良，〈螢幕長片評介〉，《民生報》，1988 年 12 月 10 日，第 11 版。

7. 〈悲情城市參加威尼斯影展違規新聞局通融彈性處理〉，《聯合報》，1989 年 8 月 8 日，第 26 版。

8. 〈電影宣傳著重「二二八」年代公司緊急撤換悲情城市海外宣材引起震撼〉，《民生報》，1989 年 8 月 30 日，第 10 版。

9. 〈悲情城市影展宣傳重點 片商修改政治敏感字句〉，《聯合報》，1989 年 8 月 30 日，第 12 版。

10. 許介麟，〈海角七號……殖民地次文化陰影〉，《聯合報》，2008 年 9 月 25 日，A15 版。

伍、電子媒體

1. 客家電視臺，（來源：http://web.pts.org.tw/hakka/1895_2/send.php?&page=0，2009 年 5 月 4 日）。

2. 臺北大同區公所，（來源：http://www.dtdo.gov.taipei/ct.asp?xItem=1605454&CtNode=41198&mp=124031，2014 年 7 月 21 日）。

3. 臺灣電影網，（來源：http://www.taiwancinema.com/ct_16476_252）。

4. 梁玉芳、何振忠，〈侯孝賢：當年拍悲情城市想打開窗〉，（來源：http://tykuo.blogspot.tw/2005/02/blog-post_26.html，2005 年 2 月 26 日）。

5. Annpo，〈旁觸霧社事件（2）：是抗暴，不是抗日〉，（來源：http://annpo.blogspot.com/2007/01/2.html，2007 年 1 月 3 日）。

6. 張藝曦，〈日治時期金瓜石礦山史研究（明治大正年間）〉，（來源：http://hs.nctu.edu.tw/Hakka-I-facultywebs/ihsi%20chang/PDF003.pdf，2008 年 5 月）。

7. 王玉燕，〈2009 年「在昏暗裡，燈突然亮了：臺灣的政治覺醒」座談會紀錄〉，（來源：http://www.funscreen.com.tw/headline.asp?H_No=234，2009 年 3 月 5 日）。

8. 吳俊瑩，〈霧社事件特輯 莫那魯道遺骸歸葬霧社始末（一）〉，（來源：https://tmantu.wordpress.com/2011/09/02/%E9%9C%A7%E7%A4%BE%E4%BA%8B%E4%BB%B6%E7%89%B9%E8%BC%AF-%E8%8E%AB%E9%82%A3%E9%AD%AF%E9%81%93%E9%81%BA%E9%AA%B8%E6%AD%B8%E8%91%AC%E9%9C%A7%E7%A4%BE%E5%A7%8B%E6%9C%AB%E4%B8%80/，2011 年 9 月 2 日）。

9. 吳俊瑩，〈霧社事件特輯 莫那魯道遺骸歸葬霧社始末（二）〉，（來源：https://tmantu.wordpress.com/2011/09/02/%E9%9C%A7%E7%A4%BE%E4%BA%8B%E4%BB%B6%E7%89%B9%E8%BC%AF-%E8%8E%AB%E9%82%A3%E9%AD%AF%E9%81%93%E9%81%BA%E9%AA%B8%E6%AD%B8%E8%91%AC%E9%9C%A7%E7%A4%BE%E5%A7%8B%E6%9C%AB%EF%BC%88%E4%BA%8C%EF%BC%89/，2011 年 9 月 2 日）。

10. 吳俊瑩，〈霧社事件特輯 莫那魯道遺骸歸葬霧社始末（三）〉，（來源：https://tmantu.wordpress.com/2011/09/08/%E9%9C%A7%E7%A4%BE%E4%BA%8B%E4%BB%B6%E7%89%B9%E8%BC%AF-%E8%8E%AB%E9%82%A3%E9%AD%AF%E9%81%93%E9%81%BA%E9%AA%B8%E6%AD%B8%E8%91%AC%E9%9C%A7%E7%A4%BE%E5%A7%8B%E6%9C%AB%E4%B8%89/，2011 年 9 月 8 日）。

11 家明，〈拍好電影魏德聖訪問：帶根帶土的藝文故事〉（來源：http://travel.sina.com.hk/news/71/3/1/147541/1.html，2011 年 9 月 25 日）。

12. 國立自然科學博物館，〈賽德克巴萊：文學、美學、與電影〉座談會，（來源：https://www.youtube.com/watch?v=-2eTA4T0wu4，2011 年 9 月 30 日）。

陸、影音資料

1. 邱若龍，《Gaya：1930 年的霧社事件與賽德克族》，（新北：昇龍數位科技，1998 年）。